财会主干课程系列教材

金融企业会计模拟实训

主编 亚春林

副主编 主父海英 谢述玲

图书在版编目(CIP)数据

金融企业会计模拟实训 / 亚春林主编. —上海：立信会计出版社,2015.1(2020.8重印)

财会主干课程系列教材

ISBN 978-7-5429-4456-6

Ⅰ.①金… Ⅱ.①亚… Ⅲ.①金融企业—会计—教材 Ⅳ.①F830.42

中国版本图书馆 CIP 数据核字(2014)第 313486 号

责任编辑　赵志梅
封面设计　周崇文

金融企业会计模拟实训
Jinrong Qiye Kuaiji Moni Shixun

出版发行	立信会计出版社
地　　址	上海市中山西路 2230 号　　邮政编码　200235
电　　话	(021)64411389　　传　真　(021)64411325
网　　址	www.lixinph.com　　电子邮箱　lixinaph2019@126.com
网上书店	http://lixin.jd.com　　http://lxkjcbs.tmall.com
经　　销	各地新华书店
印　　刷	江苏凤凰数码印务有限公司
开　　本	787 毫米×1092 毫米　　1/16
印　　张	11
字　　数	260 千字
版　　次	2015 年 1 月第 1 版
印　　次	2020 年 8 月第 3 次
书　　号	ISBN 978-7-5429-4456-6/F
定　　价	23.00 元

如有印订差错,请与本社联系调换

前　　言

《金融企业会计模拟实训》是《金融企业会计》教材的配套用书,是根据金融企业会计课程的特点以及学生实习的需要而编写的,旨在培养学生的综合业务能力。本书与《金融企业会计》教材同时使用,更能取得好的教学效果。

近几年,国家要求高等学校要把建立和完善实践教学体系作为提高教学质量的重要内容,高校实践教学越来越被重视,然而,金融专业学生实践教学环节中客观上存在着一些难点。

(1) 由于金融业的特殊性,客观上无法提供太多的岗位接收学生大规模的和长期的业务实训。

(2) 金融业务种类繁多,部分学生即使在金融企业实习也很难接触到核心业务。

(3) 电算化技术在金融业被广泛应用,金融业务网络集成化、核算资料信息化、传递手段现代化,均给学生的毕业实习和业务知识的理解带来了较大难度。

客观上讲,金融业务特别是商业银行业务在不断地发生变化,诸如过去是纸质的会计凭证现在变为电子化的凭证,过去三个联次的凭证现在设计为两个联次,以及业务流程的简化等等,但是这种变化更多是形式上的,是金融业服务效率全面提升的要求,会计原理本质上没有变化。

《金融企业会计模拟实训》从会计原理的角度结合当前金融业务实际进行系统的编写,实训中采用了大量最新的银行电子凭证式样,其目的在于:一是通过模拟实训,可以使学生系统地掌握金融企业会计核算的全过程,从而在实训中消化理论知识;二是使学生加深对金融业特别是银行业业务流程的理解,提高学生的学习兴趣和课堂教学效果;三是全面提高学生动手能力和独立分析问题、解决问题的能力。

本书内容共分为三部分:第一部分是基础知识,讲述基本会计方法;第二部分是分项业务,包括日常业务和日终业务,模拟商业银行1天的账务处理,是本书的核心内容；第三部分是会计报表，练习商业银行三种主要报表的编制方法。

实训中需要填写的所有账证簿表的空白样张都已在教材中列示，无需再给学生提供各种分散的凭证，可以方便学生的实训操作。

本书可以作为本科高等院校、高职高专以及成人院校等经济管理类专业学生的实训教材，也可以作为相关从业人员的培训用书。

编者水平有限，错漏之处在所难免，敬请读者批评指正。

编　者

2014 年 9 月

目　录

第一部分　基础知识 ……………………………………………………………… 1
　一、会计凭证 ……………………………………………………………………… 1
　二、账务组织 ……………………………………………………………………… 7
　三、财务会计报告 ………………………………………………………………… 13

第二部分　分项业务 ……………………………………………………………… 15
　一、日常业务 ……………………………………………………………………… 15
　　实训一　建立银行总账和明细账 ……………………………………………… 15
　　实训二　存款业务 ……………………………………………………………… 50
　　实训三　贷款业务 ……………………………………………………………… 63
　　实训四　票据业务 ……………………………………………………………… 78
　　实训五　非票据业务 …………………………………………………………… 103
　　实训六　系统内往来业务 ……………………………………………………… 120
　　实训七　跨系统往来业务 ……………………………………………………… 125
　　实训八　中间业务 ……………………………………………………………… 128
　二、日终业务 ……………………………………………………………………… 130

第三部分　会计报表 ……………………………………………………………… 157
　一、实训资料 ……………………………………………………………………… 157
　二、实训要求 ……………………………………………………………………… 160

第一部分

基础知识

会计记账必须以真实的会计凭证为依据,通过会计报表提供会计信息,而会计报表的编制依据是账簿。会计核算的基本模式:凭证→账簿→报表。中间的各项工作周而复始、连续不断。在"凭证→账簿→报表"的会计循环过程中,填制和审核会计凭证是会计核算的初始工作和基本环节。

一、会 计 凭 证

会计凭证是记录经济业务的发生和完成情况、明确经济责任的书面证明,是进行账务核算、核对、登账、结账和进行事后稽核,以明确经济责任的重要依据。

(一)会计凭证的种类

会计凭证种类繁多,为了具体地认识、掌握和运用会计凭证,需要对其进行科学分类。会计凭证一般有以下几种分类方法。

1. 按凭证的性质分类

1)原始凭证。它是业务发生时取得的书面单据,这类凭证一般为外来凭证,包括客户填制的存、取款凭证,各类结算凭证,以及购置机器设备和各项物品的发票等。银行有关部门据以填制传票(记账凭证)作成分录,上述原始凭证作传票附件。对存、贷款客户填制的原始凭证,由于格式规范,符合会计凭证的要求,因此也视同传票,代替记账凭证使用。

2)记账凭证。记账凭证除了上述以客户填制的原始凭证代用外,其余由会计人员根据原始凭证另行填制,包括各类现金收付和转账收付传票及特种转账传票等。银行的记账凭证又称"传票",原因在于银行业务往往牵涉几个部门,一笔业务需要传递给多个部门和人员审核、盖章处理。

2. 按凭证的格式不同分类

1)基本凭证。它是根据合法原始凭证或业务事实由银行工作人员自行编制,凭以记账的凭证,是通用的凭证。

其格式有5类,分别是:现金收入(付出)传票;转账借(贷)方传票;特种转账借(贷)方传票;外汇买卖借(贷)方传票;表外科目收入(付出)传票。

(1) 现金收入传票,见表1-1。

表1-1　　　　　　　　　中国××银行现金收入传票

（贷）_____
（借）库存现金

总字第　号
字第　号
年　月　日

户名或账号	摘要	金额										附件
		亿	千	百	十	万	千	百	十	元	角	分
												张
合计												

会计　　　　出纳　　　　复核　　　　记账　　　　制票

(2) 现金付出传票,见表1-2。

表1-2　　　　　　　　　中国××银行现金付出传票

（借）_____
（贷）库存现金

总字第　号
字第　号
年　月　日

户名或账号	摘要	金额										附件
		亿	千	百	十	万	千	百	十	元	角	分
												张
合计												

会计　　　　出纳　　　　复核　　　　记账　　　　制票

(3) 转账借方传票,见表1-3。

表1-3　　　　　　　　　中国××银行转账借方传票

总字第　号
字第　号
年　月　日

科目（借）　　　　　　　　　　　　对方科目（贷）

户名或账号	摘要	金额										附件
		亿	千	百	十	万	千	百	十	元	角	分
												张
合计												

会计　　　　出纳　　　　复核　　　　记账　　　　制票

(4) 转账贷方传票,见表 1-4。

表 1-4 中国××银行转账贷方传票 总字第　号　字第　号

科目(贷)		对方科目	(借)	
户名或账号	摘　要			金额 亿千百十万千百十元角分
合计				

会计　　　出纳　　　复核　　　记账　　　制票

附件　　张

(5) 特种转账借方传票,见表 1-5。

表 1-5 中国××银行特种转账借方传票 总字第　号　字第　号
年　月　日

付款单位	全　称			收款单位	全　称		
	账号或地址				账号或地址		
	开户金融企业		行　号		开户金融企业		行　号
金额	人民币 (大写)					金额 亿千百十万千百十元角分	
原始凭证金额		赔偿金号码					
原始凭证名称				科目(借)＿＿＿＿			
转账原因	金融企业盖章			对方科目(贷)＿＿＿＿			
				会计　　复核　　记账			

会计　　　出纳　　　复核　　　记账　　　制票

附件　　张

(6) 特种转账贷方传票,见表 1-6。

表 1-6 中国××银行特种转账贷方传票 总字第　号　字第　号
年　月　日

收款单位	全　称			付款单位	全　称		
	账号或地址				账号或地址		
	开户金融企业		行　号		开户金融企业		行　号
金额	人民币 (大写)					金额 亿千百十万千百十元角分	
原始凭证金额		赔偿金号码					
原始凭证名称				科目(贷)＿＿＿＿			
转账原因	金融企业盖章			对方科目(借)＿＿＿＿			
				会计　　复核　　记账			

会计　　　出纳　　　复核　　　记账　　　制票

附件　　张

(7) 外汇买卖借方传票, 见表 1-7。

表 1-7　　　　　　　中国××银行外汇买卖借方传票

年　　月　　日

总字第　　号
字第　　号

(借) 货币兑换

外币金额	牌价	人民币金额
亿 千 百 十 万 千 百 十 元 角 分		亿 千 百 十 万 千 百 十 元 角 分
摘要		会计 复核 记账 制票

附件　张

会计　　　　出纳　　　　复核　　　　记账　　　　制票

(8) 外汇买卖贷方传票, 见表 1-8。

表 1-8　　　　　　　中国××银行外汇买卖贷方传票

年　　月　　日

总字第　　号
字第　　号

(贷) 货币兑换

外币金额	牌价	人民币金额
亿 千 百 十 万 千 百 十 元 角 分		亿 千 百 十 万 千 百 十 元 角 分
摘要		会计 复核 记账 制票

附件　张

会计　　　　出纳　　　　复核　　　　记账　　　　制票

(9) 表外科目收入传票, 见表 1-9。

表 1-9　　　　　　　中国××银行表外科目收入传票

年　　月　　日

总字第　　号
字第　　号

表外科目(收)_____

户名	摘要	人民币金额
		亿 千 百 十 万 千 百 十 元 角 分

附件　张

会计　　　　出纳　　　　复核　　　　记账　　　　制票

(10) 表外科目付出传票,见表 1-10。

表 1-10　　　　　　　　中国××银行表外科目付出传票
　　　　　　　　　　　　　　年　　月　　日

表外科目(付)_____

户　名	摘　要	人民币金额											附件
		亿	千	百	十	万	千	百	十	元	角	分	
													张

会计　　　　　出纳　　　　　复核　　　　　记账　　　　　制票

上述基本凭证都由会计人员根据业务需要自行填制,除特种转账传票有的作为收付款通知外传给开户单位外,其余均为银行内部记账凭证。

2) 特定凭证。它是根据某项业务的特殊需要而制定的专用凭证。特定凭证一般由银行按有关业务需要设计印制,提供客户使用。类别有很多,如支票、进账单、联行报单、借贷款凭证等。这些与有关业务密切结合的特定凭证,一般是一式数联套写,它既是组织业务核算的依据,也是特定的记账凭证(在套写凭证中,至少有一联是记账凭证)。

3. 按凭证的形式不同分类

1) 复式记账凭证。一张传票上记载一个会计事项,不论涉及多少科目,这张传票都能反映业务的全貌,对应关系一目了然,如现金收入(付出)传票。

2) 单式记账凭证。一张传票只记一个科目,如一笔业务牵涉几个科目,就需填制几张传票。单式记账凭证便于传递传票、加计金额和张数,以及填制"科目日结单";其缺点在于难以了解业务全貌,不便于事后追查和调阅,所以在实务中要在对转的传票上列明对方科目及编列每套传票的分号。例如,第 4 笔交易有三张传票,分号应为 $4\frac{1}{3}$、$4\frac{2}{3}$ 和 $4\frac{3}{3}$。

(二) 会计凭证的要素

会计凭证种类繁多,特别是适用于各种业务的特定凭证,内容更不相同。但是凭证都有共性内容,也就是任何一种凭证都必须具备一定的要素。这些要素主要有:收、付款单位开户银行名称和行号;凭证名称及编制和记账年、月、日;收、付款单位名称和账号;人民币或外币符号和大小写金额;款项来源、用途、摘要及附件张数;按照有关规定应加盖的单位印章;会计科目和会计分录;凭证编号(总号或分号);客户与银行有关工作人员签章等内容。

(三) 会计凭证的填制

会计凭证是会计核算的起点和基础。不论是哪一种会计凭证,都必须按规定的要求填写,凭证的填写要求做到要素齐全,内容真实,数字准确,字迹清楚,书写规范,手续完备,不得任意涂改。具体要求有以下几个方面:

1) 文字书写。会计记录书写应以"行书"为宜,这种手写体既能保证易读易认,书写又简便、省时省力。财会人员应该掌握汉字的字体结构和书写的笔画顺序,在书写时应保证字迹清晰、容易辨认,不写错字、别字,不写繁体字和不规范的简化字。

2) 数字书写。在会计核算工作中,几乎每个环节都会有数字的书写问题。会计工作对数字的书写不仅要求字迹清晰、工整、容易辨认,而且要符合会计工作的专业要求。

(1) 阿拉伯数字应当一个一个地写,不得连笔写。金额阿拉伯数字前面应当书写货币币种符号或者货币名称简写符号。币种符号与金额阿拉伯数字之间不得留有空白。凡阿拉伯数字前写有币种符号的,数字后面不再写货币单位。

(2) 所有以元为单位的阿拉伯数字,除表示单价等情况外,一律填写到角分;无角分的,角位和分位可写"0",或者"—";有角无分的,分位应当写"0",不得用符号"—"代替。

(3) 汉字大写数字金额如零、壹、贰、叁、肆、伍、陆、柒、捌、玖、拾、佰、仟、万、亿等,一律用正楷体或者行书体书写,不得用〇、一、二、三、四、五、六、七、八、九、十等简化字代替,不得任意自造简化字。金额大写数字到元或者角为止的,在"元"或者"角"字之后应当写"整"字或者"正"字,金额大写数字有分的,"分"字后面不写"整"字或者"正"字。

(4) 金额大写数字前未印有货币名称的,应当加填货币名称,货币名称与金额数字之间不得留有空白。

3) 单联式现金支票应用墨汁或碳素墨水填写,单联式凭证应用墨水笔书写;多联式套写凭证可用圆珠笔、双面复写纸套写,不准分张单写。

4) 现金的收、付业务,不编制现金科目凭证,即发生一笔现金业务只编制一张相应科目的现金收入和现金付出凭证。

5) 票据的金额,汇票、本票、支票的日期和收款人名称不得更改,更改的票据无效。

其他内容填错,可按规定更正,不必重填。非票据会计凭证填错,应按会计制度规定更正或重填凭证。

(四) 会计凭证的审查要求

凭证的审查是指对凭证的正确性、合法性、真实性和完整性进行确认,这是反映和监督经济业务的重要环节。审查的具体内容主要有:

(1) 是否属于本单位受理的凭证。

(2) 使用的凭证种类是否正确,凭证的基本内容、联数与附件是否完整齐全,是否超过有效期限。

(3) 账号与户名是否相符。

(4) 大小写金额是否一致,字迹有无涂改。

(5) 密押、印鉴是否真实齐全。

(6) 款项来源、用途是否填写清楚,是否符合有关规定。

(7) 内部科目的账户名称使用是否正确。

(8) 计息、收费、赔偿金等的计算方法与数额是否正确。

经过审核,符合要求的予以账务处理或进行传递;不符合要求的凭证,应拒绝受理。如属内容不全或填写有差错的凭证,应向客户解释清楚,要求客户重填;如属伪造凭证等违法乱纪行为,要认真追究,配合有关部门严肃处理。

二、账务组织

账务组织是指各种账簿之间的相互关系以及同记账程序和核对方法的有机结合。账簿是以会计凭证为依据,全面地、连续地、科学地记录和反映各项经济业务的簿籍,它由具有专门格式的账页所组成。

银行的账务组织包括明细核算和综合核算两大系统。明细核算由各种分户账、登记簿(卡)、余额表、现金收入(付出)日记簿组成,按户进行核算,它反映每一会计科目下各账户资金增减变化的详细情况。综合核算由科目日结单、总账、日计表组成,按科目进行核算,它反映每一会计科目资金增减变化的总括情况。两个系统的账簿都根据同一会计凭证平行登记,双线核算。明细核算对综合核算起细化和补充作用,综合核算对明细核算起统驭作用。它们相互配合,相互补充,又相互联系,相互制约,构成银行完整的会计核算账务组织体系。

(一) 明细核算

明细核算是对每个会计科目分户账的核算,用来反映各个账户资金增减变化的详细情况,是综合核算的补充和具体化。它是由分户账、登记簿(卡)、余额表和现金收入(付出)日记簿所组成的。其核算程序如图1-1所示。

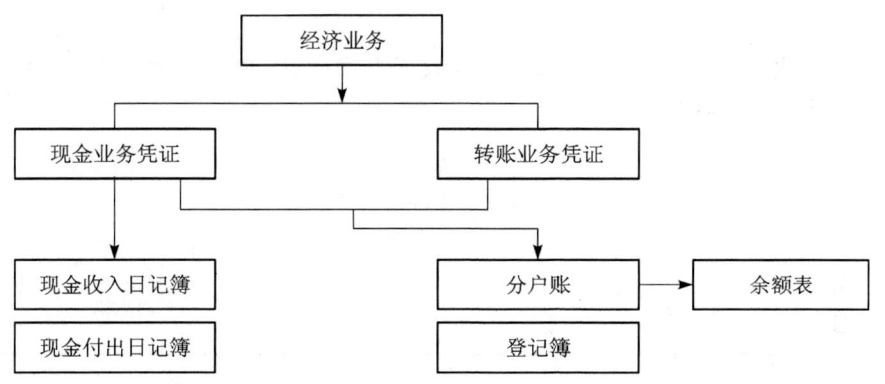

图1-1 明细核算程序图

1. 分户账

分户账是明细核算的主要账簿,是总账各科目的详细记录,也是与单位对账的依据。分户账中又分别设置甲、乙、丙、丁四种账簿格式。

(1) 甲种账(见表1-11),设置借方、贷方和余额三栏,适用于不计息或适用于余额表计息以及银行内部财务核算的账户。

表1-11

甲 种 账

中国××银行(　　)

_____账

账号_____领用凭
户名_____证记录　　　利率

本账总页数	
本户页数	

年		摘要	凭证号码	对方科目代号	借方(位数)	贷方(位数)	借或贷	余额(位数)	复核签章
月	日								

会计　　　　　　　　　　　　　　　　　　　　　　　　　记账

(2) 乙种账(见表1-12)设置借方、贷方、余额和积数四栏,适用于账户上计息的账户。

表1-12

乙 种 账

中国××银行(　　)

_____账

账号_____领用凭
户名_____证记录　　　利率

本账总页数	
本户页数	

年		摘要	凭证号码	对方科目代号	借方(位数)	贷方(位数)	借或贷	余额(位数)	日数	积数(位数)	复核签章
月	日										

会计　　　　　　　　　　　　　　　　　　　　　　　　　记账

(3) 丙种账(见表1-13),设置借方发生额、贷方发生额、借方余额和贷方余额四栏,适用于借贷双方反映月的往来账户。

表1-13

丙 种 账

中国××银行(　　)

_____账

账号_____领用凭　　　利率:存
户名_____证记录　　　　　　贷

本账总页数	
本户页数	

年		摘要	凭证号码	对方科目代号	发生额		借或贷	余额		复核签章
					借方	贷方		借方	贷方	
月	日				(位数)	(位数)		(位数)	(位数)	

会计　　　　　　　　　　　　　　　　　　　　　　　　　记账

（4）丁种账（见表 1-14），设置借方、贷方、余额和销账四栏，适用于逐笔记账、逐笔销账，兼有分户核算的账户。

表 1-14　　　　　　　　　　　　丁 种 账

中国××银行（　　　）

_____账

本账总页数	
本户页数	

户名

年		账户	户名	摘要	凭证号码	对方科目代号	借方	销账			贷方	借或贷	余额	复核签章
月	日						（位数）	年	月	日	（位数）		（位数）	

会计　　　　　　　　　　　　　　　　　　　　　　　　　　　　　　记账

2. 登记簿

登记簿指为查考会计事项需要而登记的账簿，具有登记备忘的性质，记录了总分类账及明细分类账未能记载的事项。银行应根据业务需要来设置该账簿，它与明细分户账的主要区别在于：不涉及资金来源与应用以及表内科目的增减变化，如发出托收登记簿、重要空白凭证登记簿等。备查登记簿的格式见表 1-15。

表 1-15　　　　　　　　　　　中国××银行（　　　）

_____登记簿（卡）

户名：　　　　　单位：

年		摘　要	收入		付出		余额		复核盖章
月	日		数量	金额	数量	金额	数量		
				（位数）		（位数）			

会计　　　　　　　　　　　　　　　　　　　　　　　　　　　　　　记账

3. 余额表

余额表是核对总账与分户账余额和计算利息的重要工具，是明细核算的重要组成部分。它包括计息余额表和一般余额表两种。计息余额表（表 1-16）适用于计息科目，一般单位的存、贷款业务凡用甲种账记载的，均可使用计息余额表计息。一般余额表（表 1-17）适用于不计息科目。

（1）计息余额表。本表适用于计息科目。按科目分户设置，每日营业终了，根据各科目分户账的最后余额抄列，当日没有发生额的账户及法定节假日，应根据上一日的余额填列。

表 1-16　　　　　　　　中国××银行(　　)计息余额表

科目名称　　　　　科目代号　　　　　年　月　　　　　　　　　　　共　页
　　　　　　　　　　　　　　　　　　　　　　　　　　　　　　　　第　页

日　　期 / 余额　户名账户　利率	%　(位数)	%　(位数)	%　(位数)	%　(位数)	复核盖章
上月底止累计应计息积数					
… 10 天小计 11 … 20 天小计 21 …					
本月合计 (本月计息积数)					
应加积数					
应减积数					
本期累计应计息积数					
合　　　计					

会计　　　　　　　　　　　　复核　　　　　　　　　　　　记账

（2）一般余额表。本表适用于不计息的各账户。按账户当日的最后余额编制。

表 1-17　　　　　　　　　中国××银行(　　　)一般余额表

　　　　　　　　　　　　　　　年　月　日　　　　　　　第　页共　页

科目代号	户名	摘要	余额	科目代号	户名	摘要	余额

会计　　　　　　　　　　　　复核　　　　　　　　　　　　制表

4. 现金收入(付出)日记簿

这是一种序时和分类相结合的账簿（见表 1-18），是现金收入和现金付出的明细记录，业务发生后，依据现金收入和现金付出传票分别序时、逐笔记载。库存现金当日的收付总数应与"库存现金"科目的借、贷方发生额核对一致。

表 1-18　　　　　　　中国××银行现金收入（付出）日记簿

币种_____　柜组名称_____　　　年　月　日　　　　　第　页共　页

传票号数	科目代号	户名或账号	摘要	金额
			合计	

复核　　　　　　　　　　　　　　　　　　　　　　　　　　出纳

（二）综合核算

综合核算又叫总分类核算，是按会计科目进行的核算。它反映各部门一切交易事项、业务活动及资金、财产变化的总括情况，是明细核算的概括和综合。通过综合核算，可以全面反映、监督银行业务和财务活动情况，为编制各种会计报表提供依据，也为考核政策、法规的贯彻执行情况提供数据信息。它由科目日结单、总账和日计表组成。其核算程序如图 1-2 所示。

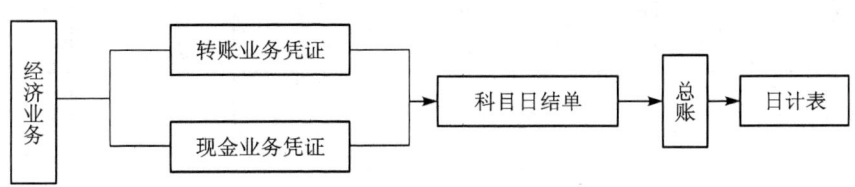

图 1-2　综合核算程序图

1. 科目日结单

科目日结单是将当日同科目传票汇集在一起，加计借、贷方发生额及传票张数填制的一张表。它是总账的记账凭证，也是同科目传票的汇总，所以又称为"总传票"。科目日结单的格式见表 1-19。

表 1-19　　　　　　　　　中国××银行（　　　）
　　　　　　　　　　　　　　科目日结单
　　　　　　　　　　　　　　年　月　日

凭证种类	借　方		贷　方		附件张数
	传票张数	金额（位数）	传票张数	金额（位数）	
现　金					
转　账					
合　计					

事后监督　　　　　　　复核　　　　　　　记账　　　　　　　制单

2. 总账

总账也称总分类账,是各科目的总括记录,也是编制会计报表的主要依据。总账根据按科目汇总编制的"科目日结单"记账,而非由传票或明细分户账过入。总账的格式见表1-20。

表1-20

中国××银行(　　)

总　账

科目代号_____
科目名称_____　　　　　　　　　　　　　　　　　　　　第　号

年　月份	借方	贷方
	（位数）	（位数）
上年底余额		
本年累计发生额		
上月底余额		
上月底累计未计息积数		

日　期	发生额		余　额		核对盖章
	借方	贷方	借方	贷方	复核员
	（位数）	（位数）	（位数）	（位数）	
1					
…					
10 天小计					
11					
…					
20 天小计					
21					
…					
30					
31					
月　计					
自年初累计					
本期累计计息积数					
本月累计计息积数					

会计　　　　　　　　　　　　　复核　　　　　　　　　　　　　记账

总账按科目立户设置,采用活页卡式账,又称综合卡账。总账的记载方法是:逐日根据各科目日结单借、贷发生额填记,并结出借(贷)方余额。对计息科目的账户,当日未变动的,应将上日余额填入当日余额栏内,以便于余额表核对积数。对于借贷双方反映余额的科目,其本日余额应根据余额表或分户账各户的借、贷方余额加总填记。

总账账页每月更换一次,每到月底,应结计当月借、贷方发生额合计及全年截至本月底止的自年初累计发生额合计以及累计计息积数和累计未计息积数,填记在有关栏内,并在下月总账的账首予以登记。

表外科目总账,根据表外科目日结单填记收入、付出方发生额,并结记余额。每月更换账页时,应结计当月收入、付出发生额合计及自年初累计发生额合计,填入账页末端有关栏内,并过入下月账首。

3. 日计表

日计表是基层行处根据各科目总账按日编制的会计报表。日计表的各科目当日发生额和余额根据总账填记,当天未发生借贷业务的科目根据上日余额填记。科目按其代号顺序排列,设有借方发生额、贷方发生额和借方余额、贷方余额四栏。日计表借、贷方发生额和借、贷方余额的合计数,必须各自平衡。日计表的格式见表1-21。

表1-21　　　　　　　　　　中国××银行(　　)
　　　　　　　　　　　　　　日　计　表

年　月　日填制　　　　　　　　　　　　　　　　　　　　　　　第　页共　页

科目代号	科目名称	本日发生额		余额		科目代号
		借方	贷方	借方	贷方	
		(位数)	(位数)	(位数)	(位数)	

行长　　　　　　　　　　会计　　　　　　　复核　　　　　　　制表

三、财务会计报告

财务会计报告是银行会计核算的重要环节,是向信息使用者提供相关经营信息的重要途径。

(一) 财务会计报告及目的

1. 财务会计报告的概念

财务会计报告是指反映银行财务成果(或损失)的报告,由会计报表、会计报表附注(是会计报表的补充说明)组成。而会计报表是指银行对外提供的反映某一特定日期财务状况和某一会计期间经营成果、现金流量的文件。由资产负债表、利润表、利润分配表、所有者权益增减变动表构成。

2. 银行财务会计报告的目的

银行会计与报告系统提供的财务报表信息主要包括:财务状况、经营业绩、现金流量。其目的有以下四个方面:①向债权人和投资者提供有用信息;②向银行高级管理层提供对决策有用的相关信息;③满足银行业监督管理委员会的要求;④满足政府及其有关部门和社会公众的需求。

2. 财务会计报告的种类

1）按信息使用者划分。由于现代银行一般采取股份制形式，其经营权与所有权分离，银行经营管理人员必须定期向银行所有者及银行监管部门提交财务报告，反映银行的经营状况及自己的工作业绩。相关的银行财务报告按信息使用者分为：通知报告、董事会报告、股东大会报告，其目的是满足各方信息使用者的要求。

2）按报送时间划分。

（1）中期财务报告。中期财务报告是指以中期为基础编制的财务报告。中期是指短于一个完整的会计年度的报告期间。一般而言，半年度、季度和月度财务会计报告统称为中期财务会计报告。

中期财务报告至少应当包括资产负债表、利润表、现金流量表和附注。

（2）年度财务会计报告。年度财务会计报告除包括中期财务报告的内容外，还应该包括利润分配表、所有者权益增减变动表、合并财务报表等内容。

3. 银行财务会计报告的报送

银行财务会计报告报送的对象主要有两类：

（1）银行的财务会计报告应当报送当地财政机关、税务部门、银行业监督机构、人民银行以及其他财务会计报告法定使用者。

（2）股份制商业银行应按有关规定向股东提供财务会计报告。其年度财务会计报告应当在召开股东大会年会的20日以前置备于本银行，供股东查阅。

4. 银行财务会计报告的时间

（1）银行月度中期财务会计报告应当于月度终了后6天内（节假日顺延，下同）对外提供。

（2）季度中期财务会计报告应当于季度终了后15天内对外提供。

（3）半年度中期财务会计报告应当于半年度中期结束后60天内（相当于两个连续的月份）对外提供。

（4）年度财务会计报告应当于年度终了后4个月内对外提供。法律、法规另有规定的从其规定。

第二部分

分 项 业 务

分项业务包括日常业务和日终业务,是商业银行会计核算工作的核心内容,本书将8类业务分为8项实训进行模拟账务处理。

一、日 常 业 务

实训一　建立银行总账和明细账

1) 会计主体:中国建设银行济南市解放路支行;行号:105451000598。

2) 中国建设银行济南市解放路支行2014年6月1日各科目总账和明细账期初余额如表2-1-1所示。

表2-1-1

类别	总账名称	明细账名称	账号	余额
资产类	库存现金			500 000 000.00
	银行存款			30 000 000.00
	存放中央银行款项			200 000 000.00
	贷款			18 445 000.00
	——短期贷款	华宇经贸有限公司	37001616108050003236	2 500 000.00
		利明容器厂	37001616108050003011	325 000.00
	——抵押贷款	环宇电力公司	37001616108050002206	10 320 000.00
		万通机械设备有限公司	37001616108050001266	5 000 000.00
	——逾期贷款	灵玉雕刻厂	37001616108050001136	300 000.00
	——非应计贷款			
	贴现资产			250 000.00
		明达化工公司	37001616108050003433	250 000.00

(续表)

类别	总账名称	明细账名称	账　号	余　额
	应收利息			3 210 000.00
负债类	吸收存款			156 494 000.00
	——活期存款			154 191 000.00
		飞翔技校	37001616108050001116	53 200 000.00
		华宇经贸有限公司	37001616108050003236	3 620 000.00
		利明容器厂	37001616108050003011	7 000 000.00
		华通房地产股份有限公司	37001616108050003288	38 500 000.00
		环宇电力公司	37001616108050002206	24 100 000.00
		明达化工公司	37001616108050003433	13 645 000.00
		佳佳乐超市	37001616108050005236	580 000.00
		大明旅行社	37001616108050003237	256 000.00
		济南大众 4S 店	37001616108050002218	2 130 000.00
		常青生态园大酒店	37001616108050005632	600 000.00
		济南华韵建筑设计院	37001616108050001345	560 000.00
		万通机械设备有限公司	37001616108050001266	10 000 000.00
	——定期存款			850 000.00
		环宇电力公司	37001616108050002206	850 000.00
	——活期储蓄存款			353 000.00
		刘明丽	37001616108050007756	120 000.00
		郝利东	37001616108050008844	30 000.00
		王军	37001616108050003321	2 500.00
		张君	37001616108050007859	200 500.00
	——定期储蓄存款			390 000.00
		李明芳	37001616108050000027	240 000.00
		胡小丽	37001616108050002319	100 000.00
		袁成明	37001616108050002241	50 000.00
	——信用卡存款			710 000.00
		大明旅行社	37001616108050003237	560 000.00
		王涛	37001616108050003035	150 000.00
	其他应付款			56 140 000.00
	——应解汇款			37 200 000.00
		济南大众 4S 店	37001616108050002218	36 000 000.00

(续表)

类别	总账名称	明细账名称	账号	余额
		明达化工公司	37001616108050003433	1 200 000.00
	——汇出汇款			380 000.00
		万通机械设备有限公司	37001616108050001266	380 000.00
	——开出本票			18 560 000.00
		华通房地产股份有限公司	37001616108050003288	18 000 000.00
		华宇经贸有限公司	37001616108050003236	560 000.00
损益类	利息支出			
	利息收入			
共同类	清算资金往来			

3）填写总账和分户账期初余额。

（1）在总账科目名称栏上填写各科目名称，将余额填入期初余额栏内。如"银行存款"科目总账，填写如下，其他各科目总账余额按此填写。见表 2-1-2。

表 2-1-2　　　　　中国建设银行（济南市解放路支行）
　　　　　　　　　　　　　　　总　　账

科目代号 1002
科目名称 银行存款　　　　　　　　　　　　　　　　　　　　　　第　号

2014年6月份	借方（位数）	贷方（位数）
上年底余额		
本年累计发生额		
上月底余额	￥30 000 000.00	
上月底累计未计息积数		

日期	发生额		余额		核对盖章
	借方	贷方	借方	贷方	复核员
	（位数）	（位数）	（位数）	（位数）	
月　计					
自年初累计					
本期累计计息积数					
本月累计计息积数					

会计　　　　　　　　　　　　复核　　　　　　　　　　　　记账

（2）将各科目明细账户的户名和账号分别填入账页相应栏内，并结转各明细账户期初余额，如明细科目"活期存款"，填写如表 2-1-3 所示，其他各科目分户账余额按此填写。

表 2-1-3　　　　　　　　中国建设银行(济南市解放路支行)
　　　　　　　　　　　　　　活期存款　分户账

本账总页数	
本户页数	

账号：37001616108050003236
户名：华宇经贸有限公司　　　　　领用凭证记录　　　　利率　　　　单位:元

2014年		摘　要	凭证号码	对方科目代号	借方(位数)	贷方(位数)	借或贷	余　额(位数)	复核签章
月	日								
6	1	上月结转					贷	￥3 620 000.00	

会计　　　　　　　　　　　　　　　　　　　　　　　　　　记账

4）中国建设银行济南市解放路支行实训资料中涉及的各科目总账和分户账。
（1）中国建设银行济南市解放路支行实训资料中涉及的各科目总账，如表 2-1-4 至表 2-1-18 所示。

表 2-1-4　　　　　　　　中国建设银行(济南市解放路支行)
　　　　　　　　　　　　　　　　　总　账

科目代号1001
科目名称库存现金　　　　　　　　　　　　　　　　　　　　　第　号

2014 年 6 月份		借　方(位数)		贷　方(位数)	
上年底余额					
本年累计发生额					
上月底余额					
上月底累计未计息积数					
日　期		发生额		余　额		核对盖章
		借方(位数)	贷方(位数)	借方(位数)	贷方(位数)	复核员
20						
月　计						
自年初累计						
本期累计计息积数						
本月累计计息积数						

会计　　　　　　　　　　　复核　　　　　　　　　　　记账

表 2-1-5　　　　　　　　　　中国建设银行(济南市解放路支行)
　　　　　　　　　　　　　　　　　　总　　账

科目代号 <u>1002</u>
科目名称 <u>银行存款</u>　　　　　　　　　　　　　　　　　　　　　第　　号

2014 年 6 月份	借　方 (位数)	贷　方 (位数)
上年底余额		
本年累计发生额		
上月底余额		
上月底累计未计息积数		

| 日　期 | 发生额 | | 余　额 | | 核对盖章 |
	借方 (位数)	贷方 (位数)	借方 (位数)	贷方 (位数)	复核员
20 月　计					
自年初累计					
本期累计计息积数					
本月累计计息积数					

会计　　　　　　　　　　　　复核　　　　　　　　　　　　记账

表 2-1-6　　　　　　　　　　中国建设银行(济南市解放路支行)
　　　　　　　　　　　　　　　　　　总　　账

科目代号 <u>1003</u>
科目名称 <u>存放中央银行款项</u>　　　　　　　　　　　　　　　　　第　　号

2014 年 6 月份	借　方 (位数)	贷　方 (位数)
上年底余额		
本年累计发生额		
上月底余额		
上月底累计未计息积数		

| 日　期 | 发生额 | | 余　额 | | 核对盖章 |
	借方 (位数)	贷方 (位数)	借方 (位数)	贷方 (位数)	复核员
20 月　计					
自年初累计					
本期累计计息积数					
本月累计计息积数					

会计　　　　　　　　　　　　复核　　　　　　　　　　　　记账

表 2-1-7   中国建设银行(济南市解放路支行)
总　账

科目代号 1303
科目名称 贷款   第　号

2014年6月份	借　方	贷　方
	(位数)	(位数)
上年底余额		
本年累计发生额		
上月底余额		
上月底累计未计息积数		

日　期	发生额		余　额		核对盖章
	借方	贷方	借方	贷方	复核员
	(位数)	(位数)	(位数)	(位数)	
20 　　月　计					
自年初累计					
本期累计计息积数					
本月累计计息积数					

会计　　　　　　　　　　　复核　　　　　　　　　　记账

表 2-1-8   中国建设银行(济南市解放路支行)
总　账

科目代号 1301
科目名称 贴现资产   第　号

2014年6月份	借　方	贷　方
	(位数)	(位数)
上年底余额		
本年累计发生额		
上月底余额		
上月底累计未计息积数		

日　期	发生额		余　额		核对盖章
	借方	贷方	借方	贷方	复核员
	(位数)	(位数)	(位数)	(位数)	
20 　　月　计					
自年初累计					
本期累计计息积数					
本月累计计息积数					

会计　　　　　　　　　　　复核　　　　　　　　　　记账

表 2-1-9　　　　　　　　　　中国建设银行(济南市解放路支行)
总　账

科目代号 1132
科目名称 应收利息　　　　　　　　　　　　　　　　　　　　　　第　号

2014 年 6 月份	借　方		贷　方	
	(位数)		(位数)	
上年底余额				
本年累计发生额				
上月底余额				
上月底累计未计息积数				

日　期	发生额		余　额		核对盖章
	借方	贷方	借方	贷方	复核员
	(位数)	(位数)	(位数)	(位数)	
20					
月　计					
自年初累计					
本期累计计息积数					
本月累计计息积数					

会计　　　　　　　　　　　　　　复核　　　　　　　　　　　　记账

表 2-1-10　　　　　　　　　　中国建设银行(济南市解放路支行)
总　账

科目代号 2011
科目名称 吸收存款　　　　　　　　　　　　　　　　　　　　　　第　号

2014 年 6 月份	借　方		贷　方	
	(位数)		(位数)	
上年底余额				
本年累计发生额				
上月底余额				
上月底累计未计息积数				

日　期	发生额		余　额		核对盖章
	借方	贷方	借方	贷方	复核员
	(位数)	(位数)	(位数)	(位数)	
20					
月　计					
自年初累计					
本期累计计息积数					
本月累计计息积数					

会计　　　　　　　　　　　　　　复核　　　　　　　　　　　　记账

表 2-1-11 中国建设银行(济南市解放路支行)

总　账

科目代号<u>2241</u>

科目名称<u>其他应付款</u>　　　　　　　　　　　　　　　　　　　　第　号

2014 年 6 月份	借　方	贷　方
	（位数）	（位数）
上年底余额		
本年累计发生额		
上月底余额		
上月底累计未计息积数		

日　期	发生额		余　额		核对盖章
	借方	贷方	借方	贷方	复核员
	（位数）	（位数）	（位数）	（位数）	
20					
月　计					
自年初累计					
本期累计计息积数					
本月累计计息积数					

　会计　　　　　　　　　　　　　复核　　　　　　　　　　　　　记账

表 2-1-12 中国建设银行(济南市解放路支行)

总　账

科目代号<u>6411</u>

科目名称<u>利息支出</u>　　　　　　　　　　　　　　　　　　　　第　号

2014 年 6 月份	借　方	贷　方
	（位数）	（位数）
上年底余额		
本年累计发生额		
上月底余额		
上月底累计未计息积数		

日　期	发生额		余　额		核对盖章
	借方	贷方	借方	贷方	复核员
	（位数）	（位数）	（位数）	（位数）	
20					
月　计					
自年初累计					
本期累计计息积数					
本月累计计息积数					

　会计　　　　　　　　　　　　　复核　　　　　　　　　　　　　记账

表 2-1-13　　　　　　　　　中国建设银行(济南市解放路支行)
总　账

科目代号 6011
科目名称 利息收入　　　　　　　　　　　　　　　　　　　　　　　　第　号

2014 年 6 月份	借　方	贷　方
	（位数）	（位数）
上年底余额		
本年累计发生额		
上月底余额		
上月底累计未计息积数		

日　期	发生额		余　额		核对盖章
	借方	贷方	借方	贷方	复核员
	（位数）	（位数）	（位数）	（位数）	
20　　月　计					
自年初累计					
本期累计计息积数					
本月累计计息积数					

会计　　　　　　　　　　　　　　　复核　　　　　　　　　　　　　　　记账

表 2-1-14　　　　　　　　　中国建设银行(济南市解放路支行)
总　账

科目代号 3001
科目名称 清算资金往来　　　　　　　　　　　　　　　　　　　　　　第　号

2014 年 6 月份	借　方	贷　方
	（位数）	（位数）
上年底余额		
本年累计发生额		
上月底余额		
上月底累计未计息积数		

日　期	发生额		余　额		核对盖章
	借方	贷方	借方	贷方	复核员
	（位数）	（位数）	（位数）	（位数）	
20　　月　计					
自年初累计					
本期累计计息积数					
本月累计计息积数					

会计　　　　　　　　　　　　　　　复核　　　　　　　　　　　　　　　记账

表 2-1-15　　　　　　　　中国建设银行(济南市解放路支行)
总　账

科目代号_____
科目名称_____　　　　　　　　　　　　　　　　　　　　　　　　　　　第　号

2014 年 6 月份	借　方		贷　方	
	(位数)		(位数)	
上年底余额				
本年累计发生额				
上月底余额				
上月底累计未计息积数				

日　期	发生额		余　额		核对盖章
	借方	贷方	借方	贷方	复核员
	(位数)	(位数)	(位数)	(位数)	
20					
月　计					
自年初累计					
本期累计计息积数					
本月累计计息积数					

会计　　　　　　　　　　　　　复核　　　　　　　　　　　　　记账

表 2-1-16　　　　　　　　中国建设银行(济南市解放路支行)
总　账

科目代号_____
科目名称_____　　　　　　　　　　　　　　　　　　　　　　　　　　　第　号

2014 年 6 月份	借　方		贷　方	
	(位数)		(位数)	
上年底余额				
本年累计发生额				
上月底余额				
上月底累计未计息积数				

日　期	发生额		余　额		核对盖章
	借方	贷方	借方	贷方	复核员
	(位数)	(位数)	(位数)	(位数)	
20					
月　计					
自年初累计					
本期累计计息积数					
本月累计计息积数					

会计　　　　　　　　　　　　　复核　　　　　　　　　　　　　记账

表 2-1-17　　　　　　　　　中国建设银行(济南市解放路支行)
总　账

科目代号_____
科目名称_____　　　　　　　　　　　　　　　　　　　　　　第　号

2014年6月份	借　方	贷　方
	（位数）	（位数）
上年底余额		
本年累计发生额		
上月底余额		
上月底累计未计息积数		

日　期	发生额		余　额		核对盖章
	借方	贷方	借方	贷方	复核员
	（位数）	（位数）	（位数）	（位数）	
20					
月　计					
自年初累计					
本期累计计息积数					
本月累计计息积数					

会计　　　　　　　　　　　　复核　　　　　　　　　　　　记账

表 2-1-18　　　　　　　　　中国建设银行(济南市解放路支行)
总　账

科目代号_____
科目名称_____　　　　　　　　　　　　　　　　　　　　　　第　号

2014年6月份	借　方	贷　方
	（位数）	（位数）
上年底余额		
本年累计发生额		
上月底余额		
上月底累计未计息积数		

日　期	发生额		余　额		核对盖章
	借方	贷方	借方	贷方	复核员
	（位数）	（位数）	（位数）	（位数）	
20					
月　计					
自年初累计					
本期累计计息积数					
本月累计计息积数					

会计　　　　　　　　　　　　复核　　　　　　　　　　　　记账

(2) 中国建设银行济南市解放路支行实训资料中涉及的各科目明细分户账,如表 2-1-19 至表 2-1-62 所示。

表 2-1-19　　　　　　　　中国建设银行(济南市解放路支行)
　　　　　　　　　　　　　　　短期贷款　分户账

本账总页数	
本户页数	

账号:37001616108050003236
户名:华宇经贸有限公司　　　　领用凭证记录　　　　利率　　　单位:元

2014年		摘要	凭证号码	对方科目代号	借方(位数)	贷方(位数)	借或贷	余额(位数)	复核签章
月	日								
6	1	上月结转							
		合　计							

会计　　　　　　　　　　　　　　　　　　　　　　　　　　　　　记账

表 2-1-20　　　　　　　　中国建设银行(济南市解放路支行)
　　　　　　　　　　　　　　　短期贷款　分户账

本账总页数	
本户页数	

账号:37001616108050003011
户名:利明容器厂　　　　　领用凭证记录　　　　利率　　　单位:元

2014年		摘要	凭证号码	对方科目代号	借方(位数)	贷方(位数)	借或贷	余额(位数)	复核签章
月	日								
6	1	上月结转							
		合　计							

会计　　　　　　　　　　　　　　　　　　　　　　　　　　　　　记账

表 2-1-21　　　　　　　中国建设银行(济南市解放路支行)
　　　　　　　　　　　　　　抵押贷款　分户账

本账总页数	
本户页数	

账号:37001616108050002206

户名:环宇电力公司　　　　　　　领用凭证记录　　　　　利率　　　单位:元

2014年		摘要	凭证号码	对方科目代号	借方(位数)	贷方(位数)	借或贷	余额(位数)	复核签章
月	日								
6	1	上月结转							
		合　计							

会计　　　　　　　　　　　　　　　　　　　　　　　　记账

表 2-1-22　　　　　　　中国建设银行(济南市解放路支行)
　　　　　　　　　　　　　　抵押贷款　分户账

本账总页数	
本户页数	

账号:37001616108050001266

户名:万通机械设备有限公司　　　　领用凭证记录　　　　　利率　　　单位:元

2014年		摘要	凭证号码	对方科目代号	借方(位数)	贷方(位数)	借或贷	余额(位数)	复核签章
月	日								
6	1	上月结转							
		合　计							

会计　　　　　　　　　　　　　　　　　　　　　　　　记账

表 2-1-23　　　　中国建设银行(济南市解放路支行)
逾期贷款　分户账

本账总页数	
本户页数	

账号：37001616108050001136

户名：灵玉雕刻厂　　　　领用凭证记录　　　　利率　　　　单位：元

2014年		摘　要	凭证号码	对方科目代号	借方（位数）	贷方（位数）	借或贷	余　额（位数）	复核签章
月	日								
6	1	上月结转							
		合　　计							

会计　　　　　　　　　　　　　　　　　　　　　　　　　记账

表 2-1-24　　　　中国建设银行(济南市解放路支行)
非应计贷款　分户账

本账总页数	
本户页数	

账号：37001616108050001136

户名：灵玉雕刻厂　　　　领用凭证记录　　　　利率　　　　单位：元

2014年		摘　要	凭证号码	对方科目代号	借方（位数）	贷方（位数）	借或贷	余　额（位数）	复核签章
月	日								
6	1	上月结转							
		合　　计							

会计　　　　　　　　　　　　　　　　　　　　　　　　　记账

表 2-1-25

中国建设银行（济南市解放路支行）
贴现资产　分户账

本账总页数	
本户页数	

账号：37001616108050003433
户名：明达化工公司　　　　　领用凭证记录　　　　　利率　　　　　单位：元

2014年		摘要	凭证号码	对方科目代号	借方（位数）	贷方（位数）	借或贷	余额（位数）	复核签章
月	日								
6	1	上月结转							
		合　计							

会计　　　　　　　　　　　　　　　　　　　记账

表 2-1-26

中国建设银行（济南市解放路支行）
贴现资产　分户账

本账总页数	
本户页数	

账号：37001616108050003288
户名：华通房地产股份有限公司　　　领用凭证记录　　　　　利率　　　　　单位：元

2014年		摘要	凭证号码	对方科目代号	借方（位数）	贷方（位数）	借或贷	余额（位数）	复核签章
月	日								
		合　计							

会计　　　　　　　　　　　　　　　　　　　记账

表 2-1-27　　　　　　　　中国建设银行（济南市解放路支行）
　　　　　　　　　　　　　　　应收利息　分户账

本账总页数	
本户页数	

账号：
户名：应收利息　　　　　领用凭证记录　　　　利率　　　　单位：元

2014年		摘要	凭证号码	对方科目代号	借方（位数）	贷方（位数）	借或贷	余额（位数）	复核签章
月	日								
6	1	上月结转							
		合　计							

会计　　　　　　　　　　　　　　　　　　　　　　　　　　　记账

表 2-1-28　　　　　　　　中国建设银行（济南市解放路支行）
　　　　　　　　　　　　　　　活期存款　分户账

本账总页数	
本户页数	

账号：37001616108050001116
户名：济南飞翔技校　　　　领用凭证记录　　　　利率　　　　单位：元

2014年		摘要	凭证号码	对方科目代号	借方（位数）	贷方（位数）	借或贷	余额（位数）	复核签章
月	日								
6	1	上月结转							
		合　计							

会计　　　　　　　　　　　　　　　　　　　　　　　　　　　记账

表 2-1-29

中国建设银行(济南市解放路支行)
活期存款 分户账

本账总页数	
本户页数	

账号:37001616108050003236

户名:华宇经贸有限公司　　　　领用凭证记录　　　　利率　　　单位:元

2014年		摘要	凭证号码	对方科目代号	借方(位数)	贷方(位数)	借或贷	余额(位数)	复核签章
月	日								
6	1	上月结转							
		合　计							

会计　　　　　　　　　　　　　　　　　　　　　　　　　　记账

表 2-1-30

中国建设银行(济南市解放路支行)
活期存款 分户账

本账总页数	
本户页数	

账号:37001616108050003011

户名:利明容器厂　　　　领用凭证记录　　　　利率　　　单位:元

2014年		摘要	凭证号码	对方科目代号	借方(位数)	贷方(位数)	借或贷	余额(位数)	复核签章
月	日								
6	1	上月结转							
		合　计							

会计　　　　　　　　　　　　　　　　　　　　　　　　　　记账

表 2-1-31　　　　　　　　　中国建设银行(济南市解放路支行)
活期存款　分户账

本账总页数	
本户页数	

账号：37001616108050003288

户名：华通房地产股份有限公司　　　　领用凭证记录　　　　利率　　　　单位：元

2014年		摘　要	凭证号码	对方科目代号	借　方（位数）	贷　方（位数）	借或贷	余　额（位数）	复核签章
月	日								
6	1	上月结转							
		合　　计							

会计　　　　　　　　　　　　　　　　　　　　　　　　　　　　记账

表 2-1-32　　　　　　　　　中国建设银行(济南市解放路支行)
活期存款　分户账

本账总页数	
本户页数	

账号：37001616108050002206

户名：环宇电力公司　　　　领用凭证记录　　　　利率　　　　单位：元

2014年		摘　要	凭证号码	对方科目代号	借　方（位数）	贷　方（位数）	借或贷	余　额（位数）	复核签章
月	日								
6	1	上月结转							
		合　　计							

会计　　　　　　　　　　　　　　　　　　　　　　　　　　　　记账

表 2-1-33　　　　　　　　　中国建设银行(济南市解放路支行)
活期存款　分户账

本账总页数	
本户页数	

账号:37001616108050003433

户名:明达化工公司　　　　　　　　　领用凭证记录　　　　　　利率　　　　单位:元

2014年		摘要	凭证号码	对方科目代号	借方（位数）	贷方（位数）	借或贷	余额（位数）	复核签章
月	日								
6	1	上月结转							
		合　　计							

会计　　　　　　　　　　　　　　　　　　　　　　　　　　　记账

表 2-1-34　　　　　　　　　中国建设银行(济南市解放路支行)
活期存款　分户账

本账总页数	
本户页数	

账号:37001616108050005236

户名:佳佳乐超市　　　　　　　　　领用凭证记录　　　　　　利率　　　　单位:元

2014年		摘要	凭证号码	对方科目代号	借方（位数）	贷方（位数）	借或贷	余额（位数）	复核签章
月	日								
6	1	上月结转							
		合　　计							

会计　　　　　　　　　　　　　　　　　　　　　　　　　　　记账

表 2-1-35

中国建设银行(济南市解放路支行)
活期存款 分户账

本账总页数	
本户页数	

账号:37001616108050003237

户名:大明旅行社　　　　　领用凭证记录　　　　　利率　　　　　单位:元

2014年		摘　要	凭证号码	对方科目代号	借方(位数)	贷方(位数)	借或贷	余额(位数)	复核签章
月	日								
6	1	上月结转							
		合　计							

会计　　　　　　　　　　　　　　　　　　　　　　　　　记账

表 2-1-36

中国建设银行(济南市解放路支行)
活期存款 分户账

本账总页数	
本户页数	

账号:37001616108050002218

户名:济南大众4S店　　　　　领用凭证记录　　　　　利率　　　　　单位:元

2014年		摘　要	凭证号码	对方科目代号	借方(位数)	贷方(位数)	借或贷	余额(位数)	复核签章
月	日								
6	1	上月结转							
		合　计							

会计　　　　　　　　　　　　　　　　　　　　　　　　　记账

表 2-1-37　　　　　　　　中国建设银行(济南市解放路支行)
　　　　　　　　　　　　　　　活期存款　分户账

本账总页数	
本户页数	

账号:37001616108050005632

户名:常青生态园大酒店　　　　　　领用凭证记录　　　　　　利率　　　　　　单位:元

2014年		摘要	凭证号码	对方科目代号	借方(位数)	贷方(位数)	借或贷	余额(位数)	复核签章
月	日								
6	1	上月结转							
		合　　计							

会计　　　　　　　　　　　　　　　　　　　　　　　　　　　记账

表 2-1-38　　　　　　　　中国建设银行(济南市解放路支行)
　　　　　　　　　　　　　　　活期存款　分户账

本账总页数	
本户页数	

账号:37001616108050001345

户名:济南华韵建筑设计院　　　　领用凭证记录　　　　　　利率　　　　　　单位:元

2014年		摘要	凭证号码	对方科目代号	借方(位数)	贷方(位数)	借或贷	余额(位数)	复核签章
月	日								
6	1	上月结转							
		合　　计							

会计　　　　　　　　　　　　　　　　　　　　　　　　　　　记账

表 2-1-39　　　　　　　　中国建设银行(济南市解放路支行)
　　　　　　　　　　　　　　　活期存款　分户账

本账总页数	
本户页数	

账号:37001616108050001266

户名:万通机械设备有限公司　　　领用凭证记录　　　　利率　　　单位:元

2014年		摘　要	凭证号码	对方科目代号	借方(位数)	贷方(位数)	借或贷	余　额(位数)	复核签章
月	日								
6	1	上月结转							
		合　计							

会计　　　　　　　　　　　　　　　　　　　　　　　　　　　　记账

表 2-1-40　　　　　　　　中国建设银行(济南市解放路支行)
　　　　　　　　　　　　　　　活期储蓄存款　分户账

本账总页数	
本户页数	

账号:37001616108050007756

户名:刘明丽　　　　　　　领用凭证记录　　　　利率　　　单位:元

2014年		摘　要	凭证号码	对方科目代号	借方(位数)	贷方(位数)	借或贷	余　额(位数)	复核签章
月	日								
6	1	上月结转							
		合　计							

会计　　　　　　　　　　　　　　　　　　　　　　　　　　　　记账

表 2-1-41　　　　　　　　中国建设银行(济南市解放路支行)
活期储蓄存款　分户账

本账总页数	
本户页数	

账号:37001616108050008844

户名:郝利东　　　　　　　领用凭证记录　　　　　利率　　　　单位:元

2014年		摘要	凭证号码	对方科目代号	借方(位数)	贷方(位数)	借或贷	余额(位数)	复核签章
月	日								
6	1	上月结转							
		合　　计							

会计　　　　　　　　　　　　　　　　　　　　　　　　　　记账

表 2-1-42　　　　　　　　中国建设银行(济南市解放路支行)
活期储蓄存款　分户账

本账总页数	
本户页数	

账号:37001616108050003321

户名:王军　　　　　　　　领用凭证记录　　　　　利率　　　　单位:元

2014年		摘要	凭证号码	对方科目代号	借方(位数)	贷方(位数)	借或贷	余额(位数)	复核签章
月	日								
6	1	上月结转							
		合　　计							

会计　　　　　　　　　　　　　　　　　　　　　　　　　　记账

表 2-1-43　　　　　　　中国建设银行(济南市解放路支行)
　　　　　　　　　　　　　活期储蓄存款　分户账

本账总页数	
本户页数	

账号：37001616108050007859

户名：张君　　　　　　　　领用凭证记录　　　　　　利率　　　　单位：元

2014年		摘要	凭证号码	对方科目代号	借方(位数)	贷方(位数)	借或贷	余额(位数)	复核签章
月	日								
6	1	上月结转							
		合　计							

会计　　　　　　　　　　　　　　　　　　　　　　　　　　记账

表 2-1-44　　　　　　　中国建设银行(济南市解放路支行)
　　　　　　　　　　　　　定期储蓄存款　分户账

本账总页数	
本户页数	

账号：37001616108050000027

户名：李明芳　　　　　　　领用凭证记录　　　　　　利率　　　　单位：元

2014年		摘要	凭证号码	对方科目代号	借方(位数)	贷方(位数)	借或贷	余额(位数)	复核签章
月	日								
6	1	上月结转							
		合　计							

会计　　　　　　　　　　　　　　　　　　　　　　　　　　记账

表 2-1-45　　中国建设银行(济南市解放路支行)
定期储蓄存款　分户账

本账总页数	
本户页数	

账号:37001616108050002319

户名:胡小丽　　　　　　　领用凭证记录　　　　　利率　　　　单位:元

2014年		摘要	凭证号码	对方科目代号	借方(位数)	贷方(位数)	借或贷	余额(位数)	复核签章
月	日								
6	1	上月结转							
		合　计							

会计　　　　　　　　　　　　　　　　　　　　　　　记账

表 2-1-46　　中国建设银行(济南市解放路支行)
定期储蓄存款　分户账

本账总页数	
本户页数	

账号:37001616108050002241

户名:袁成明　　　　　　　领用凭证记录　　　　　利率　　　　单位:元

2014年		摘要	凭证号码	对方科目代号	借方(位数)	贷方(位数)	借或贷	余额(位数)	复核签章
月	日								
6	1	上月结转							
		合　计							

会计　　　　　　　　　　　　　　　　　　　　　　　记账

表 2-1-47　　　　　　　中国建设银行(济南市解放路支行)
　　　　　　　　　　　　　　信用卡存款　分户账

本账总页数	
本户页数	

账号:37001616108050003237

户名:大明旅行社　　　　　　　领用凭证记录　　　　　利率　　　　　单位:元

2014年		摘要	凭证号码	对方科目代号	借方(位数)	贷方(位数)	借或贷	余额(位数)	复核签章
月	日								
6	1	上月结转							
			合　计						

会计　　　　　　　　　　　　　　　　　　　　　　　　　　记账

表 2-1-48　　　　　　　中国建设银行(济南市解放路支行)
　　　　　　　　　　　　　　信用卡存款　分户账

本账总页数	
本户页数	

账号:37001616108050003035

户名:王涛　　　　　　　　　　领用凭证记录　　　　　利率　　　　　单位:元

2014年		摘要	凭证号码	对方科目代号	借方(位数)	贷方(位数)	借或贷	余额(位数)	复核签章
月	日								
6	1	上月结转							
			合　计						

会计　　　　　　　　　　　　　　　　　　　　　　　　　　记账

表 2-1-49　　　　　　　　中国建设银行(济南市解放路支行)
　　　　　　　　　　　　　　应解汇款　分户账

本账总页数	
本户页数	

账号:37001616108050002218

户名:济南大众4S店　　　　　　　领用凭证记录　　　　　　利率　　　　单位:元

2014年		摘要	凭证号码	对方科目代号	借方(位数)	贷方(位数)	借或贷	余额(位数)	复核签章
月	日								
6	1	上月结转							
		合　计							

会计　　　　　　　　　　　　　　　　　　　　　　　　　　记账

表 2-1-50　　　　　　　　中国建设银行(济南市解放路支行)
　　　　　　　　　　　　　　应解汇款　分户账

本账总页数	
本户页数	

账号:37001616108050003433

户名:明达化工公司　　　　　　　领用凭证记录　　　　　　利率　　　　单位:元

2014年		摘要	凭证号码	对方科目代号	借方(位数)	贷方(位数)	借或贷	余额(位数)	复核签章
月	日								
6	1	上月结转							
		合　计							

会计　　　　　　　　　　　　　　　　　　　　　　　　　　记账

表 2-1-51　　中国建设银行(济南市解放路支行)
汇出汇款　分户账

本账总页数	
本户页数	

账号:37001616108050001266
户名:万通机械设备有限公司　　　　领用凭证记录　　　　利率　　　　单位:元

2014年		摘　要	凭证号码	对方科目代号	借方(位数)	贷方(位数)	借或贷	余额(位数)	复核签章
月	日								
6	1	上月结转							
				合　计					

会计　　　　　　　　　　　　　　　　　　　　　　　　　　记账

表 2-1-52　　中国建设银行(济南市解放路支行)
汇出汇款　分户账

本账总页数	
本户页数	

账号:37001616108050003011
户名:利明容器厂　　　　领用凭证记录　　　　利率　　　　单位:元

2014年		摘　要	凭证号码	对方科目代号	借方(位数)	贷方(位数)	借或贷	余额(位数)	复核签章
月	日								
6	1	上月结转							
				合　计					

会计　　　　　　　　　　　　　　　　　　　　　　　　　　记账

表 2-1-53　　　　　　　　　中国建设银行(济南市解放路支行)
　　　　　　　　　　　　　　　　开出本票　分户账

本账总页数	
本户页数	

账号:37001616108050003288

户名:华通房地产股份有限公司　　　领用凭证记录　　　　　　利率　　　单位:元

2014年		摘要	凭证号码	对方科目代号	借方(位数)	贷方(位数)	借或贷	余额(位数)	复核签章
月	日								
6	1	上月结转							
		合　计							

会计　　　　　　　　　　　　　　　　　　　　　　　　　　　记账

表 2-1-54　　　　　　　　　中国建设银行(济南市解放路支行)
　　　　　　　　　　　　　　　　开出本票　分户账

本账总页数	
本户页数	

账号:37001616108050003236

户名:华宇经贸有限公司　　　　　领用凭证记录　　　　　　利率　　　单位:元

2014年		摘要	凭证号码	对方科目代号	借方(位数)	贷方(位数)	借或贷	余额(位数)	复核签章
月	日								
6	1	上月结转							
		合　计							

会计　　　　　　　　　　　　　　　　　　　　　　　　　　　记账

表 2-1-55　　　　　　　　中国建设银行(济南市解放路支行)
　　　　　　　　　　　　　　　　开出本票　分户账

本账总页数	
本户页数	

账号:37001616108050003433

户名:明达化工公司　　　　　领用凭证记录　　　　利率　　　　单位:元

2014年		摘要	凭证号码	对方科目代号	借方(位数)	贷方(位数)	借或贷	余额(位数)	复核签章
月	日								
6	1	上月结转							
		合　计							

会计　　　　　　　　　　　　　　　　　　　　　　　　　　记账

表 2-1-56　　　　　　　　中国建设银行(济南市解放路支行)
　　　　　　　　　　　　　　　　利息支出　分户账

本账总页数	
本户页数	

账号:

户名:利息支出　　　　　　领用凭证记录　　　　利率　　　　单位:元

2014年		摘要	凭证号码	对方科目代号	借方(位数)	贷方(位数)	借或贷	余额(位数)	复核签章
月	日								
6	1	上月结转							
		合　计							

会计　　　　　　　　　　　　　　　　　　　　　　　　　　记账

表 2-1-57　　　　　　　中国建设银行(济南市解放路支行)
　　　　　　　　　　　　　利息收入　分户账

本账总页数	
本户页数	

账号：
户名：利息收入　　　　　　领用凭证记录　　　　　利率　　　　单位：元

2014年		摘要	凭证号码	对方科目代号	借方(位数)	贷方(位数)	借或贷	余额(位数)	复核签章
月	日								
6	1	上月结转							
		合　计							

会计　　　　　　　　　　　　　　　　　　　　　　　　　　　记账

表 2-1-58　　　　　　　中国建设银行(济南市解放路支行)
　　　　　　　　　　　　清算资金往来　分户账

本账总页数	
本户页数	

账号：
户名：清算资金往来　　　　领用凭证记录　　　　　利率　　　　单位：元

2014年		摘要	凭证号码	对方科目代号	借方(位数)	贷方(位数)	借或贷	余额(位数)	复核签章
月	日								
6	1	上月结转							
		合　计							

会计　　　　　　　　　　　　　　　　　　　　　　　　　　　记账

表 2-1-59

中国建设银行(济南市解放路支行)
分户账

本账总页数	
本户页数	

账号：

户名：　　　　　　　　　　领用凭证记录　　　　　利率　　　　单位：元

2014年		摘　要	凭证号码	对方科目代号	借方（位数）	贷方（位数）	借或贷	余　额（位数）	复核签章
月	日								
6	1	上月结转							
		合　　计							

会计　　　　　　　　　　　　　　　　　　　　　　　记账

表 2-1-60

中国建设银行(济南市解放路支行)
分户账

本账总页数	
本户页数	

账号：

户名：　　　　　　　　　　领用凭证记录　　　　　利率　　　　单位：元

2014年		摘　要	凭证号码	对方科目代号	借方（位数）	贷方（位数）	借或贷	余　额（位数）	复核签章
月	日								
6	1	上月结转							
		合　　计							

会计　　　　　　　　　　　　　　　　　　　　　　　记账

表 2-1-61

中国建设银行(济南市解放路支行)
分户账

本账总页数	
本户页数	

账号：

户名：　　　　　　　　　　领用凭证记录　　　　　　　利率　　　　单位:元

2014年		摘　要	凭证号码	对方科目代号	借方(位数)	贷方(位数)	借或贷	余　额(位数)	复核签章
月	日								
6	1	上月结转							
		合　　计							

会计　　　　　　　　　　　　　　　　　　　　　　　记账

表 2-1-62

中国建设银行(济南市解放路支行)
分户账

本账总页数	
本户页数	

账号：

户名：　　　　　　　　　　领用凭证记录　　　　　　　利率　　　　单位:元

2014年		摘　要	凭证号码	对方科目代号	借方(位数)	贷方(位数)	借或贷	余　额(位数)	复核签章
月	日								
6	1	上月结转							
		合　　计							

会计　　　　　　　　　　　　　　　　　　　　　　　记账

5) 中国建设银行济南市解放路支行实训资料中需要填写的现金收入日记簿和现金付出日记簿如表 2-1-63 和表 2-1-64 所示。

表 2-1-63　　　　　　　　　中国建设银行现金收入日记簿

币种_____　柜组名称_____　　　　年　月　日　　　　　　第　页共　页

传票号数	科目代号	户名或账号	摘　要	金　额
			合　计	

复核　　　　　　　　　　　　　　　　　　　　　　　　　　出纳

表 2-1-64　　　　　　　　　中国建设银行现金付出日记簿

币种_____　柜组名称_____　　　　年　月　日　　　　　　第　页共　页

传票号数	科目代号	户名或账号	摘　要	金　额
			合　计	

复核　　　　　　　　　　　　　　　　　　　　　　　　　　出纳

6) 实训要求。

(1) 按照会计凭证和账簿填写的规范要求填写有关会计凭证和账簿。

(2) 分项业务实训中涉及的总账、明细分户账、现金收入(付出)日记簿等账簿需要按要求分别对应填写在表 2-1-4 至表 2-1-64 中。

(3) 实训操作中需要填写的其他会计凭证已在各分项业务中空白列示。

7) 实训方法。

(1) 银行业务中大多记账凭证被特定凭证或专用凭证代替使用,如"现金支票"就可以直接代替基本凭证"现金付出传票"使用,依此直接登记"现金付出日记簿";"进账单"第 2 联可以直接代替"转账贷方传票"使用,依此直接登记"活期存款"分户账。但是也有一些业务发生时需要财务人员根据原始凭证单独填写和补充打印记账凭证。

(2) 实训中需要的原始凭证已经填写,需要学生们填写的记账凭证已在各原始凭证后面逐一列示,学生们可以根据业务要求进行填写。

(3) 具体操作步骤如下:

第一步,根据实训资料分析、审核原始凭证(代替使用)和填写记账凭证(转账凭证)。

第二步,根据代替的原始凭证和填写的记账凭证分别对应登记前面(见表 2-1-19 至表 2-1-64)各单位、储户或各科目的分户账和现金日记簿。

第三步,所有分项实训完成后对分户账进行审核,审核无误后按会计科目对各分户账分别加计金额,将当天的借、贷方发生额记入对应各科目的总账(见表 2-1-4 至表 2-1-18)中,并结出 2014 年 6 月 20 日当天各科目总账的余额。

实训二 存款业务

1. 实训资料

中国建设银行(以下简称建行)济南市解放路支行 2014 年 6 月 20 日发生如下存款业务。

1) 华宇经贸有限公司签发现金支票一张,向建行解放路支行提取备用金 100 000 元(见表 2-2-1 和表 2-2-2)。

表 2-2-1

中国建设银行　现金支票存根（鲁）
支票号码 016686
附加信息 _____
出票日期 2014 年 6 月 20 日
收款人：
金　额：100 000.00
用　途：备用金
单位主管　　会计

中国建设银行　现金支票　（鲁）
支票号码：016686
出票日期（大写）贰零壹肆年零陆月零贰拾日　付款行名称：建行解放路支行
收款人：华宇经贸有限公司　　出票人账户：37001616108050003236
人民币（大写）拾万元整　　亿千百十万千百十元角分　¥ 1 0 0 0 0 0 0 0
用途 备用金　　　016534000679
上列款项请从我账户内支付
出票人签章　　复核　　记账

表 2-2-2　　中国建设银行转账借方传票
　　　　　　年　月　日

科目 (借)		对方 科目(贷)		金　额	
户名或账号	摘　要			亿千百十万千百十元角分	附件
					张
	合　计				

会计　　出纳　　复核　　记账　　制票

2) 济南市利明容器厂将销货收入现金 125 000 元缴存开户行建行解放路支行(见表 2-2-3 至表 2-2-5)。

表 2-2-3　　　现金缴款单(收入凭证)
　　　　　　2014 年 06 月 20 日

缴款人	全称	利明容器厂	款项来源	销货款			
	账号	37001616108050003011	缴款部门	财务部门			
人民币（大写）：拾贰万伍仟元整				千百十万千百十元角分 ¥ 1 2 5 0 0 0 0 0			
券别	张数	十万千百十元	券别	张数	十万千百十元	会计分录：	
						（贷）吸收存款	
						对方科目（借）：库存现金	
						会计　　记账	
						复核　　出纳	

表 2-2-4 现金缴款单(回单)
2014 年 06 月 20 日

缴款人	全称	利明容器厂	款项来源	销货款
	账号	37001616108050003011	缴款部门	财务部门

人民币(大写):拾贰万伍仟元整　　　￥125000.00

会计分录:
　　(贷)　吸收存款

对方科目(借):　库存现金

会计　　记账
复核　　出纳

表 2-2-5 中国建设银行转账贷方传票
年　月　日

科目(贷)		对方科目(借)	
户名或账号	摘要		金额
	合计		

会计　　出纳　　复核　　记账　　制票

3) 济南市飞翔技校收到一张转账支票,金额 56 000 元,系本行开户单位常青生态园大酒店支付的培训费用,飞翔技校填写进账单提交开户行转账入户(见表 2-2-6 至表 2-2-8)。

表 2-2-6

中国建设银行　**转账支票**　(鲁)　　支票号码:016459

出票日期(大写)　贰零壹肆年零陆月零贰拾日　　付款行名称:建行解放路支行
收款人:济南飞翔技校　　　　　　　　　　　　出票人账户:37001616108050005632

人民币(大写)　伍万陆仟元整　　　￥56000.00

用途　培训费　　　　　　　　　015533321456
上列款项请从
我账户内支付
出票人签章　　　　　复核　　　　　记账

表 2-2-7   中国建设银行进账单(回单)1

2014 年 06 月 20 日

出票人	全称	常青生态园大酒店	收款人	全称	飞翔技校	此联由收款人开户银行交给收款人的回单
	账号	37001616108050005632		账号	37001616108050001116	
	开户银行	建行解放路支行		开户银行	建行解放路支行	
金额	人民币（大写）	伍万陆仟元整			亿 千 百 十 万 千 百 十 元 角 分 ¥ 5 6 0 0 0 0 0	
票据种类	转支	票据张数	1			
票据号码		016459				
	复核		记账		开户银行签章	

表 2-2-8

中国建设银行进账单（收账通知）3   中国建设银行进账单 （贷方凭证） 2

2014 年 06 月 20 日   2014 年 06 月 20 日

出票人	全称		出票人	全称		收款人	全称		此联由收款人开户银行做贷方凭证
	账号			账号			账号		
	开户银行			开户银行			开户银行		
金额	人民币（大写）	位 数	金额	人民币（大写）				亿 千 百 十 万 千 百 十 元 角 分	
收款人	全称		票据种类		票据张数				
	账号		票据号码						
	开户银行								
票据号码			备注				复核	记账	
收款人开户行签章									
复核	记账								

4）华通房地产股份有限公司开出转账支票一张金额 500 000 元，同时填写一式三联进账单提交开户行支付济南华韵建筑设计院设计费（见表 2-2-9 至表 2-2-11）。

表 2-2-9

中国建设银行 **转账支票**（鲁）   支票号码：036875

出票日期（大写）：贰零壹肆年零陆月零贰拾日   付款行名称：建行解放路支行

收款人：华韵建筑设计院   出票人账户：37001616108050003288

人民币（大写）	伍拾万元整	亿 千 百 十 万 千 百 十 元 角 分
		¥ 5 0 0 0 0 0 0 0

用途 培训费   014534321896

上列款项请从
我账户内支付

出票人签章   复核   记账

表 2-2-10

中国建设银行进账单（收账通知）3

2014 年 06 月 20 日

出票人	全称	华通房地产股份有限公司	
	账号	37001616108050003288	
	开户银行	建行解放路支行	
金额	人民币（大写）	位数	
		伍拾万元整	
收款人	全称	华韵建筑设计院	
	账号	37001616108050003266	
	开户银行	建行解放路支行	
票据号码		036875	
收款人开户行签章			
复核		记账	

中国建设银行进账单（贷方凭证）2

2014 年 06 月 20 日

出票人	全称	华通房地产股份有限公司	收款人	全称	华韵建筑设计院
	账号	37001616108050005632		账号	37001616108050003288
	开户银行	建行解放路支行		开户银行	建行解放路支行
金额	人民币（大写）	伍拾万元整	亿 千 百 十 万 千 百 十 元 角 分 ¥ 5 0 0 0 0 0 0 0		
票据种类	转支	票据张数	1		
票据号码		036875			
备注			复核 记账		

此联由收款人开户银行做贷方凭证

表 2-2-11

中国建设银行进账单（回单）1

2014 年 06 月 20 日

出票人	全称	华通房地产股份有限公司	收款人	全称	华韵建筑设计院
	账号	37001616108050003288		账号	37001616108050001345
	开户银行	建行解放路支行		开户银行	建行解放路支行
金额	人民币（大写）	伍拾万元整	亿 千 百 十 万 千 百 十 元 角 分 ¥ 5 0 0 0 0 0 0 0		
票据种类	转支	票据张数	1		
票据号码		036875			
复核		记账	开户银行签章		

此联是收款人开户银行交给收款人的回单

5）济南市解放路支行从工行交换提入进账单一份，金额 7 800 000 元系本行开户单位华通房地产股份有限公司的售房款，银行审核无误后入账并通知该公司（见表 2-2-12 至表 2-2-13）。

表 2-2-12

| 中国建设银行进账单（收账通知）3 | 中国建设银行进账单 （贷方凭证） 2 |

2014 年 06 月 20 日　　　　　　　　　　2014 年 06 月 20 日

出票人	全称	恒通医药公司
	账号	37003221108050004578
	开户银行	工行文化路支行
金额	人民币（大写）	位　数　柒佰捌拾万元整
收款人	全称	华通房地产股份有限公司
	账号	37001616108050003288
	开户银行	建行解放路支行
票据号码		078456
收款人开户行签章		
复核　　记账		

出票人	全称	恒通医药公司	收款人	全称	华通房地产股份有限公司
	账号	37003221108050004578		账号	37001616108050003288
	开户银行	工行文化路支行		开户银行	建行解放路支行
金额	人民币（大写）	柒佰捌拾万元整			亿千百十万千百十元角分　¥ 7 8 0 0 0 0 0 0 0
票据种类	转支	票据张数	1		
票据号码		078456			
备注			复核　　记账		

此联由收款人开户银行做贷方凭证

表 2-2-13

中国建设银行转账借方传票

年　月　日

科目（借）	户名或账号	摘要	对方科目（贷）	金额 亿千百十万千百十元角分	附件张

会计　　　出纳　　　复核　　　记账　　　制票

6）明达化工公司向开户行建行解放路支行存入 1 年期定期存款，金额 10 000 000 元，年利率 3.25%（见表 2-2-14 至表 2-2-18）。

表 2-2-14

中国建设银行　**转账支票**（鲁）　　　　支票号码：086879

出票日期（大写）　贰零壹肆年零陆月零贰拾日　　付款行名称：建行解放路支行

收款人：明达化工公司　　　　　　　　　　　　出票人账户：37001616108050003433

人民币（大写）	壹仟万元整	亿千百十万千百十元角分 ¥ 1 0 0 0 0 0 0 0 0 0

用途 活转定

014534351594

上列款项请从
我账户内支付

出票人签章　　　　　　复核　　　　　　记账

表 2-2-15　　中国建设银行单位定期存款开户证实书 1 NO(鲁)　　Ⅷ0156489

户名					账号			
币种					金额(大写)			
开户行名称					银行签章			
存入日期	存入金额(小写)	存期	年利率(%)	起息日	到期日	支取方式	经办柜员

制票：　　　　　　　　　　　　　　　　　　　　　　　　　复核：

（此联作为银行贷方传票）

表 2-2-16　　中国建设银行单位定期存款开户证实书 2 NO(鲁)　　Ⅷ0156489

户名					账号			
币种					金额(大写)			
开户行名称					银行签章			
存入日期	存入金额(小写)	存期	年利率(%)	起息日	到期日	支取方式	经办柜员

制票：　　　　　　　　　　　　　　　　　　　　　　　　　复核：

（此联交存款人作为存单）

表 2-2-17　　中国建设银行单位定期存款开户证实书 3 NO(鲁)　　Ⅷ0156489

户名					账号			
币种					金额(大写)			
开户行名称					银行签章			
存入日期	存入金额(小写)	存期	年利率(%)	起息日	到期日	支取方式	经办柜员

制票：　　　　　　　　　　　　　　　　　　　　　　　　　复核：

（此联银行作存款卡片账）

表 2-2-18　　定期存款开销户登记簿

开户日期			账号	户名	销户日期			备注
年	月	日			年	月	日	
2014	6	20	37001616108050003433	明达化工公司				

7) 环宇电力公司1年期定期存款到期,原本金850 000元,年利率3.25%,公司持开户证实书第2联到开户银行建行解放路支行办理转账(见表2-2-19至表2-2-24)。

表 2-2-19　中国建设银行单位定期存款开户证实书 2 NO(鲁)　Ⅷ0156476

户名 环宇电力公司　　　账号 37001616108050002206
币种 人民币　　　金额(大写)捌拾伍万元整
开户行名称 建行解放路支行　　银行签章

存入日期	存入金额(小写)	存期	年利率(%)	起息日	到期日	支取方式	经办柜员
2013-06-20	850 000.00	1年	3.25	2013-06-20	2014-06-20	凭密码支取	002

制票:　　　　　　　　　　　　　　　　复核:

此联交存款人作为存单

表 2-2-20　定期存款开销户登记簿

开户日期			账　号	户　名	销户日期			备注
年	月	日			年	月	日	
2013	6	20	37001616108050002206	环宇电力公司	2014	6	20	

表 2-2-21　中国建设银行定期存款利息清单　　　转账借方传票
2014年06月20日

户名	环宇电力公司		账号	37001616108050002206	
储种	本金	类别	利率(%)	利息	
定期	850 000.00	整存整取	3.25	27 625.00	
网点	现转标志	利息	本息合计	备注	操作
0598	转	27 625.00	877 625.00		002

制票:　　　　　　　　　　　　　　　　复核:

表 2-2-22　中国建设银行定期存款利息清单　　　客户收账通知
2014年06月20日

户名	环宇电力公司		账号	37001616108050002206	
储种	本金	类别	利率(%)	利息	
定期	850 000.00	整存整取	3.25	27 625.00	
网点	现转标志	利息	本息合计	备注	操作
0598	转	27 625.00	877 625.00		002

制票:　　　　　　　　　　　　　　　　复核:

表 2-2-23　　　　　　　　中国建设银行特种转账贷方传票
年　月　日

收款单位	全　称				付款单位	全　称														附件
	账号或地址					账号或地址														
	开户银行		行　号			开户银行				行　号										
金额	人民币（大写）									金额										
										亿	千	百	十	万	千	百	十	元	角	分
原始凭证金额			赔偿金		科目（贷）_____ 对方科目（借）_____															张
原始凭证名称			号　码																	
转账原因																				
				银行盖章	会计　　复核　　记账															

会计　　　　　出纳　　　　　复核　　　　　记账　　　　　制票

表 2-2-24　　　　　　　　中国建设银行特种转账贷方传票
年　月　日

收款单位	全　称				付款单位	全　称														附件
	账号或地址					账号或地址														
	开户银行		行　号			开户银行				行　号										
金额	人民币（大写）									金额										
										亿	千	百	十	万	千	百	十	元	角	分
原始凭证金额			赔偿金		科目（贷）_____ 对方科目（借）_____															张
原始凭证名称			号　码																	
					会计　　复核　　记账															
转账原因																				
				银行盖章																

会计　　　　　出纳　　　　　复核　　　　　记账　　　　　制票

8) 银行为佳佳乐超市活期账户计息，当季累计计息积数为 20 860 000.00，当日挂牌利率为 0.35%（见表 2-2-25 至表 2-2-27）。

表 2-2-25　　　　　　　　中国建设银行活期存款利息清单　　　　　　转账借方传票
2014 年 06 月 20 日

户名	佳佳乐超市		账号	37001616108050005236	
储种	计息积数	类别	利率(%)	利息	
活期	20 860 000.00	存户利息	0.35	202.81	
网点	现转标志	利息	本息合计	备注	操作
0598	转	202.81			006

制票：　　　　　　　　　　　　　　　　　　　　　　　复核：

表 2-2-26　　　　　　　　中国建设银行活期存款利息清单　　　　　　客户收账通知
2014 年 06 月 20 日

户名	佳佳乐超市		账号	37001616108050005236	
储种	计息积数	类别	利率(%)	利息	
活期	20 860 000.00	存户利息	0.35	202.81	
网点	现转标志	利息	本息合计	备注	操作
0598	转	202.81			006

制票：　　　　　　　　　　　　　　　　　　　　　　　复核：

表 2-2-27　　　　　　　　中国建设银行转账贷方传票
年　　月　　日

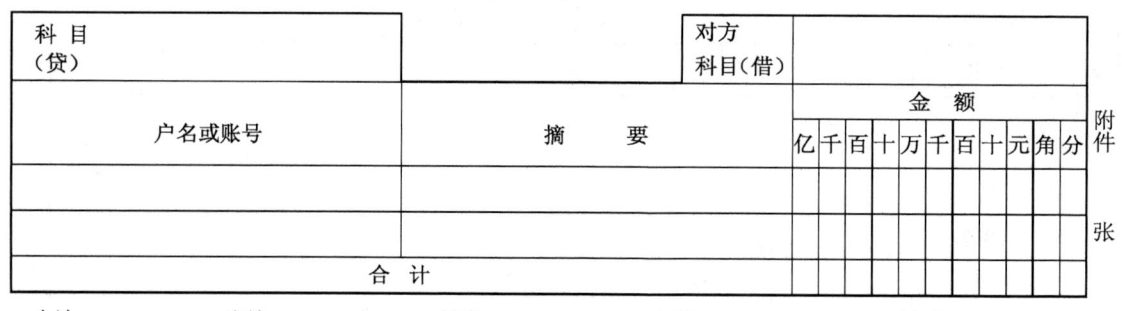

会计　　　　　出纳　　　　　复核　　　　　记账　　　　　制票

9）储户王军现金续存个人活期存款 35 000 元（见表 2-2-28 和表 2-2-29）。

表 2-2-28　　　　　　　　中国建设银行　个人业务交易单

交易类型　　现存

交易代码　　0320

存入账号　37001616108050003321　　　货币　RMB　　金额　￥35 000.00
客户证件　身份证　　　　　　　　代理人证件
联系方式　　　　　　　　　　　　联系方式
本人确认所办业务与银行记录相符。客户(代理人)签字：　　王军

核准　　　　　　　　经办　　　　　　　交易流水号　　　　　　交易机构

表 2-2-29　　　　　　　　中国建设银行转账贷方传票
　　　　　　　　　　　　　　　年　　月　　日

科 目 （贷）		对方 科目（借）										
户名或账号	摘　要	金　额										附件
		亿	千	百	十	万	千	百	十	元	角	分
												张
合　计												

会计　　　　　出纳　　　　　　复核　　　　　　　记账　　　　　　　制票

10）储户郝利东从其个人活期账户中取款 10 000 元（见表 2-2-30 和表 2-2-31）。

表 2-2-30　　　　　　　中国建设银行　个人业务交易单

交易类型　　取现

交易代码　　0025
存入账号　　37001616108050008844　　　　货币　RMB　　　金额　￥10 000.00
客户证件　　身份证　　　　　　　　　　　代理人证件
联系方式　　　　　　　　　　　　　　　　联系方式
本人确认所办业务与银行记录相符。客户（代理人）签字：　郝利东

核准　　　　　　经办　　　　　　　交易流水号　　　　　　交易机构

表 2-2-31　　　　　　　　中国建设银行转账借方传票
　　　　　　　　　　　　　　　年　　月　　日

科 目 （借）		对方 科目（贷）										
户名或账号	摘　要	金　额										附件
		亿	千	百	十	万	千	百	十	元	角	分
												张
合　计												

会计　　　　　出纳　　　　　　复核　　　　　　　记账　　　　　　　制票

11）储户李明芳去银行办理提前支取（现金），原存单开户日为 2014 年 3 月 2 日，本金 240 000 元，存期 1 年，利率 3.25%，储户提前支取 100 000 元，挂牌活期利率 0.35%（见表 2-2-32 至表 2-2-36）。

表 2-2-32

中国建设银行（整存整取）储蓄存单　　No370000096381

账号　37001616108050000027　　　户名　李明芳

币种　人民币（钞）

金额（大写）　贰拾肆万元整　　　　（小写）　RMB240 000.00

存入日	存期	利率	起息日	到期日	到期利息	支取方式	转存期限
14/03/02	1年	3.25%	14/03/02	15/03/02	7 800.00	密	

支取日	账号	本金支取金额	利息	流水号	通兑

稽核　　　　支取复核　　　　记账　　　　存入复核　　　　记账

表 2-2-33　　　　　中国建设银行定期存款利息清单　　　　　转账借方传票

2014 年 06 月 20 日

户名	李明芳		账号		37001616108050000027
储种	本金	类别		利率（%）	利息
定期	100 000.00	整存整取		0.35	105.00
网点	现转标志	利息	本息合计	备注	操作
0598	现	105.00	100 105.00		012

制票：　　　　　　　　　　　　　　　　　　复核：

表 2-2-34　　　　　中国建设银行定期存款利息清单　　　　　客户收账通知

2014 年 06 月 20 日

户名			账号		
储种	本金	类别		利率（%）	利息
定期		整存整取			
网点	现转标志	利息	本息合计	备注	操作
0598					012

表 2-2-35

中国建设银行（整存整取）储蓄存单　　No370000096381

账号　37001616108050000027　　　户名　李明芳

币种　人民币（钞）

金额（大写）　贰拾肆万元整　　　　（小写）　RMB240 000.00

存入日	存期	利率	起息日	到期日	到期利息	支取方式	转存期限
14/03/02	1年	3.25%	14/03/02	15/03/02	7 800.00	密	

支取日	账号	本金支取金额	利息	流水号	通兑
14/06/20	37001616108050000027	100 000.00	105.00	0320	

稽核　　　　支取复核　　　　记账　　　　存入复核　　　　记账

表 2-2-36

中国建设银行（整存整取）储蓄存单　　No 370000096690

账号　37001616108050000027　　　户名　李明芳

币种　　人民币（钞）

金额（大写）　　　　　　　　　　　　（小写）　　RMB

存入日	存期	利率	起息日	到期日	到期利息	支取方式	转存期限
14/03/02	1年	3.25%	14/03/02	15/03/02		密	14/06/20

支取日	账号	本金支取金额	利息	流水号	通兑

稽核　　　　支取复核　　　　记账　　　　存入复核　　　　记账

12) 储户刘明丽跨行转账汇款 50 000 元（见表 2-2-37 至表 2-2-39）。

表 2-2-37　　中国建设银行　结算业务申请书　鲁 NO.15710668

申请日期：　2014 年　06 月　20 日

业务种类：行内汇款☑　境内同业汇款☐　银行汇票☐　银行本票☐

申请人	名称	刘明丽	收款人	名称	夏青
	账号	3700161608050007756		账号	3700161608060042178
	联系电话	138531067558		联系电话	13053127456
	身份证件类型	身份证		汇入行名称	建行文化路支行
	身份证件号	370102197808202872		汇入行地点	山东 省 济南市 市（县）

金额	人民币（大写）伍万元整	亿	千	百	十	万	千	百	十	元	角	分
					¥	5	0	0	0	0	0	0

扣款方式：转账☑　现金☐　其他☐　　　收费账号：

现金汇款请填写　　国籍：　　职业：　　　用途：

支付密码：

申请人签章　　　　　　　　　　核准：　　　经办：

第一联　银行留存联

表 2-2-38　　　　　　　　中国建设银行转账贷方传票
　　　　　　　　　　　　　　　年　月　日

科目（贷） 清算资金往来		对方科目（借）											
户名或账号	摘　要	金　额											附件
		亿	千	百	十	万	千	百	十	元	角	分	
													张
合　计													

会计　　　　　　出纳　　　　　　复核　　　　　　记账　　　　　　制票

表 2-2-39　　　　中国建设银行　结算业务申请书　鲁 NO. 15710668

业务种类：行内汇款☑　　境内同业汇款☐　　银行汇票☐　　银行本票☐

申请人	名称	刘明丽	收款人	名称	夏青
	账号	3700161608050007756		账号	3700161608060042178
	联系电话	138531067558		联系电话	13053127456
	身份证件类型	身份证		汇入行名称	建行文化路支行
	身份证件号	370102197808202872		汇入行地点	山东 省 济南市 市（县）

金额	人民币（大写）伍万元整	亿	千	百	十	万	千	百	十	元	角	分
					¥	5	0	0	0	0	0	0

第二联　客户回单联

扣款方式：转账☑　　现金☐　　其他☐　　　　　收费账号：

现金汇款请填写	国籍：	职业：

用途：

支付密码：

申请人签章　　　　　　　　　　　核准：　　　经办：

2. 实训要求

请按照实训一中"7）实训方法"的规定和步骤填写会计凭证和登记实训一中对应的分户账。

实训三　贷款业务

1. 实训资料

中国建设银行济南市解放路支行 2014 年 06 月 20 日发生如下贷款和贴现业务。

1）济南市华宇经贸有限公司归还前借已到期流动资金贷款 2 500 000 元，期限 3 个月，利率 5.6%，利随本清（见表 2-3-1 至表 2-3-7）。

表 2-3-1

中国建设银行 转账支票 （鲁）		支票号码：086362
出票日期（大写） 贰零壹肆年零陆月零贰拾日		付款行名称：建行解放路支行
收款人：建行解放路支行		出票人账户：37001616108050003236

人民币（大写）	贰佰伍拾叁万伍仟元整	亿	千	百	十	万	千	百	十	元	角	分
			¥	2	5	3	5	0	0	0	0	0

用途 还贷

014534355321

上列款项请从我账户内支付

出票人签章　　　　　复核　　　　　记账

表 2-3-2　　中国建设银行贷款还款凭证

贷款种类：短期贷款　　2014 年 06 月 20 日　　第 20 号

还款单位	名称	华宇经贸有限公司		
	付款账号	37001616108050003236	贷款账号	3700523410805002134
	开户银行	建行解放路支行	开户银行	建行解放路支行

本次偿还金额	人民币（大写）贰佰伍拾万元整	亿 千 百 十 万 千 百 十 元 角 分
		¥　2 5 0 0 0 0 0 0 0
摘要：归还到期流动资金贷款	累计还款	¥　2 5 0 0 0 0 0 0 0

支付　上述借款额请从本单位 活期 存款户中
　　　　（还款单位盖章）
　　　　2014 年 06 月 20 日

科目（借）：活期存款
对方科目（贷）：短期贷款
　　复核　签章

第一联　还款单位开户银行做借方凭证

表 2-3-3　　中国建设银行贷款还款凭证

贷款种类：短期贷款　　2014 年 06 月 20 日　　第 20 号

还款单位	名称	华宇经贸有限公司		
	付款账号	37001616108050003236	贷款账号	3700523410805002134
	开户银行	建行解放路支行	开户银行	建行解放路支行

本次偿还金额	人民币（大写）贰佰伍拾万元整	亿 千 百 十 万 千 百 十 元 角 分
		¥　2 5 0 0 0 0 0 0 0
摘要：归还到期流动资金贷款	累计还款	¥　2 5 0 0 0 0 0 0 0

支付　上述借款额请从本单位 活期 存款户中
　　　　（还款单位盖章）
　　　　2014 年 06 月 20 日

科目（借）：活期存款
对方科目（贷）：短期贷款
　　复核　签章

第二联　还款单位开户银行做贷方凭证

表 2-3-4　　　　　　　　中国建设银行贷款还款凭证

贷款种类：短期贷款　　　　　2014 年 06 月 20 日　　　　　　　　　　　　第 20 号

还款单位	名称	华宇经贸有限公司		
	付款账号	37001616108050003236	贷款账号	3700523410805002134
	开户银行	建行解放路支行	开户银行	建行解放路支行

本次偿还金额	人民币（大写）贰佰伍拾万元整	亿千百十万千百十元角分
		¥ 2 5 0 0 0 0 0 0 0
摘要：归还到期流动资金贷款	累计还款	¥ 2 5 0 0 0 0 0 0 0

支付　上述借款额请从本单位 活期 存款户中
　　　　（还款单位盖章）
　　　　2014 年 06 月 20 日

科目（借）：活期存款
对方科目（贷）：短期贷款
　　　　复核　签章

第三联　还款单位开户银行信贷部门留存

表 2-3-5　　　　　　　　中国建设银行贷款还款凭证

贷款种类：短期贷款　　　　　2014 年 06 月 20 日　　　　　　　　　　　　第 20 号

还款单位	名称	华宇经贸有限公司		
	付款账号	37001616108050003236	贷款账号	3700523410805002134
	开户银行	建行解放路支行	开户银行	建行解放路支行

本次偿还金额	人民币（大写）贰佰伍拾万元整	亿千百十万千百十元角分
		¥ 2 5 0 0 0 0 0 0 0
摘要：归还到期流动资金贷款	累计还款	¥ 2 5 0 0 0 0 0 0 0

支付　上述借款额请从本单位 活期 存款户中
　　　　（还款单位盖章）
　　　　2014 年 06 月 20 日

科目（借）：活期存款
对方科目（贷）：短期贷款
　　　　复核　签章

第四联　还款单位回单

表 2-3-6　　　　　　　　中国建设银行特种转账贷方传票

2014 年 06 月 20 日

收款单位	全称			付款单位	全称	华宇经贸有限公司	
	账号或地址				账号或地址	37001616108050003236	
	开户银行		行号		开户银行	解放路支行	行号 0598

金额	人民币（大写）叁万伍仟元整	金额 亿千百十万千百十元角分
		¥ 3 5 0 0 0 0 0

原始凭证金额		赔偿金	
原始凭证名称		号码	

科目（贷）_____
对方科目（借）_____
　　　会计　　复核　　记账

附件 张

转账原因	计收贷款利息
	银行盖章

会计　　　出纳　　　复核　　　记账　　　制票

表 2-3-7   中国建设银行特种转账贷方传票

2014 年 06 月 20 日

收款单位	全 称				付款单位	全 称	华宇经贸有限公司		
	账号或地址					账号或地址	37001616108050003236		
	开户银行		行 号			开户银行	解放路支行	行号	0598

金额	人民币（大写）	叁万伍仟元整	金额 亿 千 百 十 万 千 百 十 元 角 分
			¥ 3 5 0 0 0 0 0

原始凭证金额		赔偿金		科目（贷）_____
原始凭证名称		号 码		对方科目（借）_____
				会计 复核 记账

转账原因	计收贷款利息
	银行盖章

会计   出纳   复核   记账   制票

附件   张

2) 会计部门收到信贷部门转来利明容器厂流动资金借款借据 500 000 元,期限 5 个月,利率 5.6%,予以转账(见表 2-3-8 至表 2-3-12)。

表 2-3-8   中国建设银行借款凭证 1

利率:5.6%   2014 年 06 月 20 日   贷款种类:流动资金贷款

借款单位	利明容器厂	贷款账号	375678914654678					存款账号		3700161608050003011		
借款金额（大写）	伍拾万元整	亿	千	百	十 万	千	百	十	元	角	分	用途：购买原材料
				¥	5 0	0	0	0	0	0	0	

兹借到上列贷款,到期时请凭此凭证收回	约定还款日期		2014/11/20	
	分次还款记录			
	日期	偿还本金	结欠本金	复核
	月 日			
借款单位 负责人				
盖章 盖章				

第一联 银行会计部门留存

表 2-3-9　　　　　　　　中国建设银行借款凭证　2

利率：5.6%　　　　　　2014 年 06 月 20 日　　　　　　贷款种类：流动资金贷款

借款单位	利明容器厂	贷款账号	375678914654678					存款账号			3700161608050003011	
借款金额（大写）	伍拾万元整		亿	千	百	十	万	千	百	十	元	角	分	用途：
					¥	5	0	0	0	0	0	0	0	购买原材料
兹借到上列贷款，到期时请凭此凭证收回		约定还款日期				2014/11/20							
		分次还款记录											
		日期		偿还本金			结欠本金			复核			
		月	日										
借款单位　　　　负责人													
盖章　　　　　　盖章													

第二联　借方凭证

表 2-3-10　　　　　　　中国建设银行借款凭证　3

利率：5.6%　　　　　　2014 年 06 月 20 日　　　　　　贷款种类：流动资金贷款

借款单位	利明容器厂	贷款账号	375678914654678					存款账号			3700161608050003011	
借款金额（大写）	伍拾万元整		亿	千	百	十	万	千	百	十	元	角	分	用途：
					¥	5	0	0	0	0	0	0	0	购买原材料
兹借到上列贷款，到期时请凭此凭证收回		约定还款日期				2014/11/20							
		分次还款记录											
		日期		偿还本金			结欠本金			复核			
		月	日										
借款单位　　　　负责人													
盖章　　　　　　盖章													

第三联　贷方凭证

表 2-3-11　　　　　　　中国建设银行借款凭证　4

利率：5.6%　　　　　　2014 年 06 月 20 日　　　　　　贷款种类：流动资金贷款

借款单位	利明容器厂	贷款账号	375678914654678					存款账号			3700161608050003011	
借款金额（大写）	伍拾万元整		亿	千	百	十	万	千	百	十	元	角	分	用途：
					¥	5	0	0	0	0	0	0	0	购买原材料
兹借到上列贷款，到期时请凭此凭证收回		约定还款日期				2014/11/20							
		分次还款记录											
		日期		偿还本金			结欠本金			复核			
		月	日										
借款单位　　　　负责人													
盖章　　　　　　盖章													

第四联　收款人收账通知

表 2-3-12　　　　　　　中国建设银行借款凭证　　5

利率：5.6%　　　　　　　2014 年 06 月 20 日　　　　　　贷款种类：流动资金贷款

借款单位	利明容器厂		贷款账号	375678914654678				存款账号		3700161608050003011			
借款金额（大写）	伍拾万元整	亿	千	百	十万	千	百	十	元	角	分	用途：
				¥	5	0	0	0	0	0	0	0	购买原材料

兹借到上列贷款，到期时请凭此凭证收回	约定还款日期		2014/11/20	
	分次还款记录			
	日期	偿还本金	结欠本金	复核
	月　日			
借款单位　　　　负责人				
盖章　　　　　　盖章				

第五联　退业务部门留存

3) 银行根据协议主动扣收万通机械设备有限公司到期抵押借款，期限 1 年，金额 5 000 000 元，利率 6%。原抵押房产评估价 9 000 000 元（见表 2-3-13 至表 2-3-17）。

表 2-3-13　　　　　　中国建设银行特种转账借方传票

2014 年 06 月 20 日

付款单位	全　称	万通机械设备有限公司		收款单位	全　称								
	账号或地址	37001616108050001266			账号或地址								
	开户银行	解放路支行	行号	0598		开户银行					行号		
金额	人民币（大写）	伍佰叁拾万元整				金　额							附件
						亿	千	百	十万	千	百	十	元	角	分
								¥	5	3	0	0	0	0	0	0	0

原始凭证金额		赔偿金		科目（借）　吸收存款——活期存款
原始凭证名称		号　码		
转账原因				对方科目（贷）　贷款——抵押贷款
				应收利息
	金融企业盖章			
				会计　　　复核　　　记账

会计　　　　　出纳　　　　　复核　　　　　记账　　　　　制票

张

表 2-3-14　　　　　　　　　中国建设银行特种转账借方传票
2014 年 06 月 20 日

付款单位	全　称	万通机械设备有限公司			收款单位	全　称			
	账号或地址	37001616108050001266				账号或地址			
	开户银行	解放路支行	行　号	0598		开户银行		行　号	
金额	人民币（大写）	伍佰叁拾万元整			金额 亿 千 百 十 万 千 百 十 元 角 分 ￥ 5 3 0 0 0 0 0 0 0				
	原始凭证金额		赔偿金		科目（借）　吸收存款——活期存款				
	原始凭证名称		号　码		对方科目（贷）　贷款——抵押贷款 应收利息				
转账原因	计收贷款本息								
			银行盖章		会计　　复核　　记账				

　会计　　　　　出纳　　　　　复核　　　　　记账　　　　　制票

表 2-3-15　　　　　　　　　中国建设银行特种转账贷方传票
2014 年 06 月 20 日

收款单位	全　称				付款单位	全　称	万通机械设备有限公司		
	账号或地址					账号或地址	37001616108050001266		
	开户银行		行　号			开户银行	解放路支行	行　号	0598
金额	人民币（大写）	叁拾万元整			金额 亿 千 百 十 万 千 百 十 元 角 分 ￥ 3 0 0 0 0 0 0 0				
	原始凭证金额		赔偿金		科目（贷）　应收利息				
	原始凭证名称		号　码		对方科目（借）　吸收存款——活期存款				
转账原因	计收贷款利息								
			银行盖章		会计　　复核　　记账				

　会计　　　　　出纳　　　　　复核　　　　　记账　　　　　制票

表 2-3-16　　　　　　　中国建设银行特种转账贷方传票

2014 年 06 月 20 日

收款单位	全　称				付款单位	全　称	万通机械设备有限公司		
	账号或地址					账号或地址	37001616108050001266		
	开户银行		行　号			开户银行	解放路支行	行　号	0598

金额	人民币（大写） 伍佰万元 整			金额 亿 千 百 十 万 千 百 十 元 角 分
				¥　　　　5 0 0 0 0 0 0 0 0

原始凭证金额		赔偿金	
原始凭证名称		号　码	

科目（贷）　　贷款——抵押贷款

对方科目（借）　　吸收存款——活期存款

会计　　　　复核　　　　记账

转账原因　　　　计收贷款本金

银行盖章

附件　　张

会计　　　　出纳　　　　复核　　　　记账　　　　制票

表 2-3-17　　　　　　　中国建设银行表外科目付出传票

表外科目（付）　代保管有价值品　　2014 年 06 月 20 日

户　名	摘　要	人民币金额									
		亿	千	百	十	万	千	百	十	元	角	分
万通机械设备有限公司	归还万通机械设备有限公司抵押房产	¥	9	0	0	0	0	0	0	0	0	0

附件　　张

会计　　　　出纳　　　　复核　　　　记账　　　　制票

4）灵玉雕刻厂逾期贷款处理。

（1）银行主动收回灵玉雕刻厂逾期贷款罚息 2 250 元（见表 2-3-18 至表 2-3-20）。

表 2-3-18　　　　　　　中国建设银行特种转账借方传票

2014 年 06 月 20 日

付款单位	全　称	灵玉雕刻厂			收款单位	全　称			
	账号或地址	37001616108050001136				账号或地址			
	开户银行	解放路支行	行　号	0598		开户银行		行　号	

金额	人民币（大写）　贰仟贰佰伍拾元整	金额　亿 千 百 十 万 千 百 十 元 角 分 ¥ 2 2 5 0 0 0	附件
原始凭证金额		赔偿金	
原始凭证名称		号码	科目（借）　吸收存款——活期存款
转账原因	计收逾期贷款罚息　　　　银行盖章	对方科目（贷）　利息收入　　会计　　复核　　记账	张

　　　会计　　　　　　出纳　　　　　　复核　　　　　　记账　　　　　　制票

表 2-3-19　　　　　　　中国建设银行特种转账借方传票

2014 年 06 月 20 日

付款单位	全　称	灵玉雕刻厂			收款单位	全　称			
	账号或地址	37001616108050001136				账号或地址			
	开户银行	解放路支行	行　号	0598		开户银行		行　号	

金额	人民币（大写）　贰仟贰佰伍拾元整	金额　亿 千 百 十 万 千 百 十 元 角 分 ¥ 2 2 5 0 0 0	附件
原始凭证金额		赔偿金	
原始凭证名称		号码	科目（借）　吸收存款——活期存款
转账原因	计收逾期贷款罚息　　　　银行盖章	对方科目（贷）　利息收入　　会计　　复核　　记账	张

　　　会计　　　　　　出纳　　　　　　复核　　　　　　记账　　　　　　制票

表 2-3-20　　　　　　　　中国建设银行特种转账贷方传票

2014 年 06 月 20 日

收款单位	全　称				付款单位	全　称				
	账号或地址					账号或地址				
	开户银行		行　号			开户银行	解放路支行	行　号	0598	

金额	人民币（大写）			金额 亿 千 百 十 万 千 百 十 元 角 分	
原始凭证金额		赔偿金		科目（贷）_____	
原始凭证名称		号　码		对方科目（借）_____ 会计　　　复核　　　记账	
转账原因	计收逾期贷款罚息				
			银行盖章		

会计　　　出纳　　　复核　　　记账　　　制票

（2）将逾期贷款本金 300 000 元转入非应计贷款（见表 2-3-21 和表 2-3-22）。

表 2-3-21　　　　　　　　中国建设银行特种转账借方传票

2014 年 06 月 20 日

付款单位	全　称	灵玉雕刻厂			收款单位	全　称				
	账号或地址	37001616108050001136				账号或地址				
	开户银行	解放路支行	行　号	0598		开户银行		行　号		

金额	人民币（大写）			金额 亿 千 百 十 万 千 百 十 元 角 分	
原始凭证金额		赔偿金		科目（借） 贷款——非应计贷款	
原始凭证名称		号　码		对方科目（贷） 贷款——逾期贷款	
转账原因	本金逾期90天			会计　　　复核　　　记账	
			银行盖章		

会计　　　出纳　　　复核　　　记账　　　制票

表 2-3-22　　　　　　　　中国建设银行特种转账贷方传票

2014 年 06 月 20 日

收款单位	全　称				付款单位	全　称	灵玉雕刻厂		
	账号或地址					账号或地址	37001616108050001136		
	开户银行		行　号			开户银行	解放路支行	行　号	0598

金额	人民币（大写）				金额 亿 千 百 十 万 千 百 十 元 角 分				

原始凭证金额		赔偿金		科目（贷）　　贷款——逾期贷款
原始凭证名称		号　码		对方科目（借）　贷款——非应计贷款
				会计　　　复核　　　记账

转账原因	本金逾期 90 天
	银行盖章

会计　　　　出纳　　　　复核　　　　记账　　　　制票

5）环宇电力公司一笔抵押贷款到期未还，本金 6 000 000 元，应收利息 250 000 元。银行将其转入逾期贷款（见表 2-3-23 至表 2-3-27）。

表 2-3-23　　　　　　　　中国建设银行特种转账借方传票

2014 年 06 月 20 日

付款单位	全　称	环宇电力公司			收款单位	全　称			
	账号或地址	37001616108050002206				账号或地址			
	开户银行	解放路支行	行　号	0598		开户银行		行　号	

金额	人民币（大写）陆佰万元整				金　额 亿 千 百 十 万 千 百 十 元 角 分 ￥ 6 0 0 0 0 0 0 0 0

原始凭证金额		赔偿金		科目（借）　　贷款——逾期贷款
原始凭证名称		号　码		对方科目（贷）　贷款——抵押贷款
				会计　　　复核　　　记账

转账原因	贷款逾期
	银行盖章

会计　　　　出纳　　　　复核　　　　记账　　　　制票

表 2-3-24　　　　　　　中国建设银行特种转账借方传票

2014 年 06 月 20 日

付款单位	全　称	环宇电力公司			收款单位	全　称			
	账号或地址	37001616108050002206				账号或地址			
	开户银行	解放路支行	行　号	0598		开户银行		行　号	
金额	人民币（大写）	陆佰万元整			金　额　亿千百十万千百十元角分 ¥6 0 0 0 0 0 0 0 0 0				
原始凭证金额			赔偿金						
原始凭证名称			号　码		科目（借）　贷款——逾期贷款				
转账原因	贷款逾期				对方科目（贷）　贷款——抵押贷款				
				银行盖章	会计　　复核　　记账				

　会计　　　　　　出纳　　　　　　复核　　　　　　记账　　　　　　制票

表 2-3-25　　　　　　　中国建设银行特种转账贷方传票

2014 年 06 月 20 日

收款单位	全　称				付款单位	全　称			
	账号或地址					账号或地址			
	开户银行		行　号			开户银行	解放路支行	行　号	0598
金额	人民币（大写）				金　额　亿千百十万千百十元角分				
原始凭证金额			赔偿金						
原始凭证名称			号　码		科目（贷）　_____				
转账原因	计收逾期贷款罚息				对方科目（借）　_____ 会计　　复核　　记账				
				银行盖章					

　会计　　　　　　出纳　　　　　　复核　　　　　　记账　　　　　　制票

表 2-3-26　　　　　　　　　中国建设银行转账借方传票
2014 年 06 月 20 日

科目（借） 应收利息		对方科目（贷）	利息收入										
户名或账号	摘　要		金　额										
			亿	千	百	十	万	千	百	十	元	角	分
环宇电力公司	利息逾期			￥	2	5	0	0	0	0	0	0	0
合计													

　　会计　　　　出纳　　　　复核　　　　记账　　　　制票

表 2-3-27　　　　　　　　　中国建设银行转账贷方传票
2014 年 06 月 20 日

科目（贷） 利息收入		对方科目（借）	应收利息										
户名或账号	摘　要		金　额										
			亿	千	百	十	万	千	百	十	元	角	分
环宇电力公司	利息逾期			￥	2	5	0	0	0	0	0	0	0
合计													

　　会计　　　　出纳　　　　复核　　　　记账　　　　制票

6）银行收到华通房地产股份有限公司提交的一张银行承兑汇票，金额 3 000 000 元，期限 3 个月，出票日 2014 年 6 月 10 日，到期日 2014 年 9 月 10 日，贴现率 4.5‰，申请办理贴现，银行审核无误后办理贴现手续（见表 2-3-28 至表 2-3-33）。

表 2-3-28　　　　　　　　银 行 承 兑 汇 票　　2　　　　号码Ⅷ3789568
出票日期　　贰零壹肆年零陆月零壹拾日　（大写）

出票人全称	山东省华建建筑租赁公司	收款人	全　称	华通房地产股份有限公司									
出票人账户	3700161609080006453		账　户	37001616108050003288									
开户行全称	中国工商银行济南市文化路支行		开户银行	建行解放路支行　行号 105451000598									
出票金额	人民币（大写） 叁佰万元整			亿	千	百	十	万	千	百	十	元	角	分
						￥	3	0	0	0	0	0	0	0
汇票到期日	2014/09/10	付款行	行号	102469400038									
承兑协议编号	568901		地址	济南市文化西路 44 号									
本汇票请你行承兑，到期无条件付款。 出票人签章		本汇票已经承兑，到期日由本行付款。 承兑行签章 承兑日期 201 年 06 月 10 日		密押 复核　　记账									

此联收款人开户行随托收凭证寄付款行作借方凭证附件

表 2-3-29　　　　　　　　　**贴现凭证(代申请书)**　　①

填写日期　　　　　2014 年 06 月 20 日　　　　　　　　　　第　号

贴现汇票	种　类		号码			申请人	全　称			
	发票日		年　月　日				账　号			
	到期日		年　月　日				开户银行			
汇票承兑人(或银行)名称					账号			开户银行		
汇票金额(即贴现金额)	人民币(大写)						亿千百十万千百十元角分			
贴现率每月	‰	贴现利息	亿千百十万千百十元角分			实付贴现金额	亿千百十万千百十元角分			
兹根据"银行结算办法"的规定,附送承兑汇票申请贴现,请审批。此致 　　　　　　　(贴现银行) 　　　申请人盖章				银行审批		负责人＿＿＿信贷员＿＿＿	会计处理: (借)＿＿＿＿＿ 对方科目:(贷)＿＿＿ 复核＿＿＿记账			

第一联　借方凭证

表 2-3-30　　　　　　　　　**贴现凭证(代申请书)**　　②

填写日期　　　　　2014 年 06 月 20 日　　　　　　　　　　第　号

贴现汇票	种　类		号码			申请人	全　称			
	发票日		年　月　日				账　号			
	到期日		年　月　日				开户银行			
汇票承兑人(或银行)名称					账号			开户银行		
汇票金额(即贴现金额)	人民币(大写)						亿千百十万千百十元角分			
贴现率每月	‰	贴现利息	亿千百十万千百十元角分			实付贴现金额	亿千百十万千百十元角分			
兹根据"银行结算办法"的规定,附送承兑汇票申请贴现,请审批。此致 　　　　　　　(贴现银行) 　　　申请人盖章				银行审批		负责人＿＿＿信贷员＿＿＿	会计处理: (借)＿＿＿＿＿ 对方科目:(贷)＿＿＿ 复核＿＿＿记账			

第二联　贷方凭证

表 2-3-31　　　　　　　　　**贴现凭证(代申请书)**　　③

填写日期　　　　　2014 年 06 月 20 日　　　　　　　　　　第　号

贴现汇票	种　类		号码			申请人	全　称			
	发票日		年　月　日				账　号			
	到期日		年　月　日				开户银行			
汇票承兑人(或银行)名称					账号			开户银行		
汇票金额(即贴现金额)	人民币(大写)						亿千百十万千百十元角分			
贴现率每月	‰	贴现利息	亿千百十万千百十元角分			实付贴现金额	亿千百十万千百十元角分			
兹根据"银行结算办法"的规定,附送承兑汇票申请贴现,请审批。此致 　　　　　　　(贴现银行) 　　　申请人盖章				银行审批		负责人＿＿＿信贷员＿＿＿	会计处理: (借)＿＿＿＿＿ 对方科目:(贷)＿＿＿ 复核＿＿＿记账			

第三联　利息收入贷方凭证

表 2-3-32 贴现凭证(代申请书) ④
填写日期   2014年06月20日   第 号

贴现汇票	种类		号码										申请人	全称										开户银行									
	发票日		年 月 日											账号																			
	到期日		年 月 日											开户银行																			

汇票承兑人(或银行)名称 _____ 账号 ____ 开户银行 ____

汇票金额(即贴现金额) 人民币(大写)   亿千百十万千百十元角分

贴现率 每月 ‰ 贴现利息 亿千百十万千百十元角分 实付贴现金额 亿千百十万千百十元角分

兹根据"银行结算办法"的规定,附送承兑汇票申请贴现,请审批。
此致
      (贴现银行)
          申请人盖章   银行审批   负责人____ 信贷员____

会计处理:
(借):
对方科目:(贷)
复核____ 记账____

第四联 收账通知

表 2-3-33 贴现凭证(代申请书) ⑤
填写日期   2014年06月20日   第 号

(同上表结构)

第五联 到期卡

---

7) 银行收到由异地他行退回的托收凭证,系明达化工公司原已贴现的商业承兑汇票,票面金额 250 000 元,银行按照贴现规定从该公司扣回贴现票据款(见表 2-3-34 至表 2-3-36)。

表 2-3-34   中国建设银行特种转账借方传票
                      年 月 日

付款单位	全称		收款单位	全称		
	账号或地址			账号或地址		
	开户金融企业	行号		开户金融企业	行号	

金额 人民币(大写)   亿千百十万千百十元角分

原始凭证金额 ____ 赔偿金 ____
原始凭证名称 ____ 号码 ____

科目(借)____
对方科目(贷)____

转账原因

            银行盖章

                          会计 复核 记账

会计   出纳   复核   记账   制票

附件 张

表 2-3-35 中国建设银行特种转账借方传票

年　月　日

付款单位	全　称				收款单位	全　称					附件
	账号或地址					账号或地址					
	开户金融企业		行　号			开户金融企业			行　号		
金额	人民币（大写）						金额 亿 千 百 十 万 千 百 十 元 角 分				
原始凭证金额			赔偿金								张
原始凭证名称			号　码		科目（借）_____						
转账原因					对方科目（贷）_____						
				银行盖章							
					会计　　复核　　记账						

会计　　　　出纳　　　　复核　　　　记账　　　　制票

表 2-3-36 中国建设银行特种转账贷方传票

年　月　日

收款单位	全　称				付款单位	全　称					附件
	账号或地址					账号或地址					
	开户金融企业		行　号			开户金融企业			行　号		
金额	人民币（大写）						金额 亿 千 百 十 万 千 百 十 元 角 分				
原始凭证金额			赔偿金								张
原始凭证名称			号　码		科目（贷）_____						
转账原因					对方科目（借）_____						
				银行盖章							
					会计　　复核　　记账						

会计　　　　出纳　　　　复核　　　　记账　　　　制票

2. 实训要求

请按照实训一中"7）实训方法"的规定和步骤填写会计凭证和登记实训一中对应的分户账。

实训四 票据业务

1. 实训资料

中国建设银行济南市解放路支行 2014 年 06 月 20 日发生如下票据结算业务。

1) 支票。

(1) 储户张君持现金支票到银行办理现金支取业务,银行审核无误后支付现金(见表 2-4-1 至表 2-4-3)。

表 2-4-1

中国建设银行　现金支票　(鲁)　　支票号码:Ⅷ036498

出票日期(大写)　贰零壹肆年零陆月零贰拾日　　付款行名称:建行解放路支行

收款人:张君　　　　　　　　　　　　　　　　　出票账户:37001616108050005236

人民币(大写)	叁万元整	亿	千	百	十	万	千	百	十	元	角	分
					¥	3	0	0	0	0	0	0

用途　货款

上列款项请从

我账户内支付

出票人签章　　　　　复核　　　　　记账

01554582133

表 2-4-2　　　　中国建设银行特种转账借方传票

2014 年 06 月 20 日

付款单位	全称	佳佳乐超市	收款单位	全称	张君										附件
	账号或地址	37001616108050003011		账号或地址											
	开户银行	解放路支行	行号 0598		开户银行		行号								
金额	人民币(大写)					金额 亿 千 百 十 万 千 百 十 元 角 分 ¥									
	原始凭证金额		赔偿金			科目(借)　吸收存款——活期存款									张
	原始凭证名称		号码												
转账原因		支付货款　　　　　银行盖章				对方科目(贷)　库存现金 会计　　复核　　记账									

会计　　　　出纳　　　　复核　　　　记账　　　　制票

表 2-4-3　　　　　　　　中国建设银行特种转账借方传票
2014 年 06 月 20 日

付款单位	全称	佳佳乐超市		收款单位	全称	张君											附件
	账号或地址	37001616108050003011			账号或地址												
	开户银行	解放路支行	行号 0598		开户银行			行号									
金额	人民币（大写）					金额	亿	千	百	十	万	千	百	十	元	角	分
													¥				
原始凭证金额		赔偿金			科目（借）	吸收存款——活期存款											张
原始凭证名称		号码															
转账原因	支付货款				对方科目（贷）	库存现金											
					会计　　　复核　　　记账												
		银行盖章															

会计　　　出纳　　　复核　　　记账　　　制票

（2）大明旅行社持转账支票和进账单去银行办理入账业务（见表 2-4-4 至表 2-4-6）。

表 2-4-4

中国建设银行　**转 账 支 票**（鲁）　　　　支票号码：Ⅷ048018

出票日期（大写）　贰零壹肆年零陆月零拾捌日　　　付款行名称：建行解放路支行
收款人：大明旅行社　　　　　　　　　　　　　　　出票人账户：37001616108050003288

人民币（大写）	肆拾伍万元整	亿	千	百	十	万	千	百	十	元	角	分
				¥	4	5	0	0	0	0	0	0

用途　支付旅行费
上列款项请从
我账户内支付

02544582145

出票人签章　　　　　　　复核　　　　　　　记账

表 2-4-5　　　　　　　中国建设银行进账单（回单）　1
2014 年 06 月 20 日

出票人	全称	华通房地产股份有限公司		收款人	全称												此联由收款人开户银行交给收款人的回单
	账号	37001616108050003288			账号												
	开户银行	建行解放路支行			开户银行												
金额	人民币（大写）					亿	千	百	十	万	千	百	十	元	角	分	
票据种类		票据张数															
票据号码																	
复核　　　　　　记账　　　　　　　　　　　　　　　　　　　开户银行签章																	

表 2-4-6

中国建设银行进账单（收账通知）3　　　　　中国建设银行进账单　（贷方凭证）　2

2014 年 06 月 20 日　　　　　　　　　　　　2014 年 06 月 20 日

出票人	全称		
	账号		
	开户银行		
金额	人民币（大写）		位　数
收款人	全称		
	账号		
	开户银行		
票据号码			
收款人开户行签章			
复核		记账	

出票人	全称		收款人	全称		亿	千	百	十	万	千	百	十	元	角	分
	账号			账号												
	开户银行			开户银行												
金额	人民币（大写）															
票据种类		票据张数														
票据号码																
备注				复核	记账											

此联由收款人开户银行做贷方凭证

（3）银行交换提入本行开户的济南大众 4S 店收款的进账单，无退款，办理入账（见表 2-4-7 和表 2-4-8）。

表 2-4-7

中国建设银行进账单（收账通知）3　　　　　中国建设银行进账单　（贷方凭证）　2

2014 年 06 月 20 日　　　　　　　　　　　　2014 年 06 月 20 日

出票人	全称	华恒出租车公司
	账号	3700181710904004512
	开户银行	工行历下支行
金额	人民币（大写）	叁佰伍拾陆万元整　　位　数
收款人	全称	济南大众 4S 店
	账号	3700161610805000218
	开户银行	建行解放路支行
票据号码		04532632
收款人开户行签章		
复核		记账

出票人	全称	华恒出租车公司	收款人	全称	济南大众 4S 店	亿	千	百	十	万	千	百	十	元	角	分
	账号	3700181710904004512		账号	3700161610805000218											
	开户银行	工行历下支行		开户银行	建行解放路支行											
金额	人民币（大写）	叁佰伍拾陆万元整				¥	3	5	6	0	0	0	0	0	0	0
票据种类	转支	票据张数	1													
票据号码		04532632														
备注				复核	记账											

此联由收款人开户银行做贷方凭证

表 2-4-8

中国建设银行转账借方传票

年　　月　　日

科目（借）	其他应付款	对方科目（贷）	吸收存款——活期存款——大众户										附件
户名或账号	摘　要		金　额										
			亿	千	百	十	万	千	百	十	元	角	分
合　计													张

会计　　　　出纳　　　　复核　　　　记账　　　　制票

(4) 银行交换提入—转账支票,系本行开户的利明容器厂前期开出的付款票据,银行审核无误办理转账(见表2-4-9至表2-4-11)。

表 2-4-9

中国建设银行 转账支票 (鲁)   支票号码：Ⅷ0468766

出票日期(大写) 贰零壹肆年零陆月壹拾伍日   付款行名称：建行解放路支行
收款人：天元集团公司   出票人账户：37001616108050003011

人民币(大写) 伍佰万元整   ¥5 0 0 0 0 0 0 0 0

用途 货款   014534327854
上列款项请从
我账户内支付
出票人签章   复核   记账

表 2-4-10   **中国建设银行特种转账借方传票**
2014 年 06 月 20 日

付款单位	全称	利明容器厂			收款单位	全称	天元集团公司		
	账号或地址	37001616108050003011				账号或地址	37001617108080005469		
	开户银行	解放路支行	行号	0598		开户银行	工行历下支行	行号	0369
金额	人民币(大写) 伍佰万元整				金额 亿千百十万千百十元角分 ¥5 0 0 0 0 0 0 0 0				
原始凭证金额			赔偿金		科目(借) 吸收存款——活期存款				
原始凭证名称			号码		对方科目(贷) 其他应收款				
转账原因	支付购货款 金融企业盖章				会计 复核 记账				

会计   出纳   复核   记账   制票

表 2-4-11   **中国建设银行特种转账借方传票**
2014 年 06 月 20 日

付款单位	全称	利明容器厂			收款单位	全称	天元集团公司		
	账号或地址	37001616108050003011				账号或地址	37001617108080005469		
	开户银行	解放路支行	行号	0598		开户银行	工行历下支行	行号	0632
金额	人民币(大写) 伍佰万元整				金额 亿千百十万千百十元角分 ¥5 0 0 0 0 0 0 0 0				
原始凭证金额			赔偿金		科目(借) 吸收存款——活期存款				
原始凭证名称			号码		对方科目(贷) 其他应收款				
转账原因	支付购货款 金融企业盖章				会计 复核 记账				

会计   出纳   复核   记账   制票

2) 本票。

（1）明达化工公司向开户银行申请签发不定额银行本票,银行办理转账并出票（见表2-4-12至表2-4-17）。

表 2-4-12　　　　　　　　　　中国建设银行
　　　　　　　　　　　　　　　　银行汇(本)票申请书

币别：人民币　　　　　2014年06月20日　　　　　　　　流水号 0012

业务类别	□银行汇票　√□银行本票	付款方式	□√转账　　□现金
申请人	明达化工公司	收款人	济南市巨力集团公司
账号	37001616108050003433	账号	37001816050020002456
用途	货款	代理付款行	中国银行千佛山路支行
金额	人民币（大写）叁拾陆万伍仟元整	亿千百十万千百十元角分　　￥ 3 6 5 0 0 0 0 0	
上列款项请在我公司账户内支付 客户签章			

会计主管　　　　　授权　　　　　复核　　　　　录入

第一联　客户存根

表 2-4-13　　　　　　　　　　中国建设银行
　　　　　　　　　　　　　　　　银行汇(本)票申请书

币别：人民币　　　　　2014年06月20日　　　　　　　　流水号 0012

业务类别	□银行汇票　√□银行本票	付款方式	□√转账　　□现金
申请人	明达化工公司	收款人	济南市巨力集团公司
账号	37001616108050003433	账号	37001816050020002456
用途	货款	代理付款行	中国银行千佛山路支行
金额	人民币（大写）叁拾陆万伍仟元整	亿千百十万千百十元角分　　￥ 3 6 5 0 0 0 0 0	
上列款项请在我公司账户内支付 客户签章			

会计主管　　　　　授权　　　　　复核　　　　　录入

第二联　银行作借方凭证

表 2-4-14   中国建设银行
                          银行汇(本)票申请书

币别：人民币   2014 年 06 月 20 日   流水号 0012

业务类别	□银行汇票	√□银行本票	付款方式	□√转账	□现金
申请人	明达化工公司		收款人	济南市巨力集团公司	
账号	37001616108050003433		账号	37001816050200002456	
用途	货款		代理付款行	中国银行千佛山路支行	

金额	人民币（大写）	叁拾陆万伍仟元整	亿	千	百	十	万	千	百	十	元	角	分
					¥	3	6	5	0	0	0	0	0

上列款项请在我公司账户内支付
客户签章

会计主管   授权   复核   录入

第三联 银行作贷方凭证

表 2-4-15   **中国建设银行特种转账借方传票**
               2014 年 06 月 20 日

付款单位	全称	明达化工公司	收款单位	全称			
	账号或地址	37001616108050003433		账号或地址			
	开户银行	解放路支行	行号 0598		开户银行		行号

金额	人民币（大写）		亿	千	百	十	万	千	百	十	元	角	分
								¥					

原始凭证金额		赔偿金		科目（借） 吸收存款——活期存款
原始凭证名称		号码		对方科目（贷） 其他应付款——本票
转账原因	支付购货款			会计 复核 记账
		金融企业盖章		

会计   出纳   复核   记账   制票

附件 张

表 2-4-16   中国建设银行   1 山东济南   号码：Ⅷ 015678
                             本   票(卡片)

付款期限 壹个月	出票日期(大写) 年 月 日

收款人		申请人	
凭票即付 人民币（大写）			
转账 现金 备注			
	银行签章	出纳 复核 经办	

表 2-4-17

中国建设银行本票　2 山东济南　号码：Ⅷ015678

付款期限 壹个月	出票日期(大写)　年　月　日	
收款人	申请人	
凭票即付 人民币（大写）		
转账　现金		
备注		
银行签章	出纳　复核　经办	

此联出票行结算本票时作借方凭证

(2) 万通机械设备有限公司提交本票和进账单，金额 540 000 元，申请人系本行开户的华通房地产股份有限公司，要求办理账户转入（见表 2-4-18 至表 2-4-21）。

表 2-4-18

中国建设银行本票　2 山东济南　号码：Ⅷ025614

付款期限 壹个月	出票日期(大写) 贰零壹肆年零陆月零贰日	
收款人	万通机械设备有限公司	申请人　华通房地产股份有限公司
凭票即付 人民币（大写）	伍拾肆万元整	RMB￥540 000.00
转账　现金		
备注		
银行签章	出纳　复核　经办	

此联出票行结算本票时作借方凭证

表 2-4-19　　中国建设银行进账单(回单)　1
2014 年 06 月 20 日

出票人	全称		收款人	全称										
	账号			账号										
	开户银行			开户银行										
金额	人民币（大写）				亿	千	百	十	万	千	百	十	元	角	分
票据种类		票据张数												
票据号码														
	复核		记账						开户银行签章					

此联由收款人开户银行交给收款人的回单

表 2-4-20

中国建设银行进账单（收账通知）3　　　　　　中国建设银行进账单 （贷方凭证） 2

2014 年 06 月 20 日　　　　　　　　　　　　2014 年 06 月 20 日

出票人	全称	
	账号	
	开户银行	
金额	人民币（大写）	位　数
收款人	全称	
	账号	
	开户银行	
票据号码		
收款人开户行签章		
复核　　　记账		

出票人	全称		收款人	全称											
	账号			账号											
	开户银行			开户银行		亿	千	百	十	万	千	百	十	元	角	分
金额	人民币（大写）															
票据种类		票据张数														
票据号码																
备注			复核　　　记账													

此联由收款人开户银行做贷方凭证

表 2-4-21　　　　　　中国建设银行特种转账借方传票

2014 年 06 月 20 日

付款单位	全　称			收款单位	全　称				
	账号或地址				账号或地址				
	开户银行		行　号　0598		开户银行	工行历下支行	行　号	0632	
金额	人民币（大写）			金　额					
				亿 千 百 十 万 千 百 十 元 角 分					
原始凭证金额		赔偿金		科目（借）　　其他应付款——开出本票					
原始凭证名称		号　码		对方科目（贷）　吸收存款——活期存款					
转账原因	支付购货款			会计　　　复核　　　记账					
	金融企业盖章								

　　会计　　　　　出纳　　　　　复核　　　　　记账　　　　　制票

（3）银行交换提入本票一张，金额 560 000 元，系本行开户的华宇经贸有限公司于 5 月 28 日申请的不定额银行本票（见表 2-4-22 至表 2-4-24）。

表 2-4-22　　　　　　　　　　中国建设银行　$\frac{山东}{济南}$　　　号码：Ⅷ 035847
　　　　　　　　　　　　　　　　本　票

付款期限 壹个月			

出票日期(大写)贰零壹肆年零伍月零贰拾捌日

收款人 济南佳宇有限公司	申请人 华宇经贸有限公司
凭票即付 人民币（大写）伍拾陆万元整	RMB￥560 000.00
转账 现金	
备注	
银行签章	出纳　复核　经办

此联出票行结算本票时作借方凭证

表 2-4-23　　　　　　　中国建设银行特种转账借方传票
　　　　　　　　　　　2014 年 06 月 20 日

付款单位	全　称			收款单位	全　称	济南佳宇有限公司	
	账号或地址				账号或地址	3701015648794541212	
	开户银行		行　号	0598	开户银行	工行历下支行	行　号	0632
金额	人民币（大写）				金额 亿千百十万千百十元角分		
原始凭证金额		赔偿金		科目（借）　其他应付款——开出本票			
原始凭证名称		号　码		对方科目（贷）　清算资金往来			
转账原因	支付购货款　　金融企业盖章			会计　复核　记账			

会计　　出纳　　复核　　记账　　制票

表 2-4-24　　　　　　　中国建设银行转账贷方传票
　　　　　　　　　　　2014 年 06 月 20 日

科目（贷） 清算资金往来		对方科目（借） 其他应付款——开出本票	
户名或账号	摘　要	金额 亿千百十万千百十元角分	
	合　计		

会计　　出纳　　复核　　记账　　制票

（4）本行开户的济南大众 4S 店提交进账单和他行出票的不定额银行本票一张，金额

360 000元,审核无误代理付款并提出交换(见表2-4-25至表2-4-28)。

表 2-4-25

中国建设银行 本票　2 山东/济南　号码:Ⅷ 035858

付款期限 壹个月

出票日期(大写)贰零壹肆年零伍月零贰日

收款人	济南大众4S店	申请人	济南华丽包装有限公司
凭票即付 人民币（大写）	叁拾陆万元整		RMB￥360 000.00
转账　现金			
备注			
	银行签章	出纳　复核　经办	

此联出票行结算本票时作借方凭证

表 2-4-26　　中国建设银行进账单(回单)　1

2014 年 06 月 20 日

出票人	全称	济南华丽包装有限公司	收款人	全称	
	账号	37000568108050013466		账号	
	开户银行	交行文化西路支行		开户银行	
金额	人民币（大写）				亿千百十万千百十元角分
票据种类		票据张数			
票据号码					
	复核		记账		开户银行签章

此联由收款人开户银行交给收款人的回单

表 2-4-27

中国建设银行进账单（收账通知）3　　　中国建设银行进账单　（贷方凭证）　2

2014 年 06 月 20 日　　　　　　　　　　　　2014 年 06 月 20 日

出票人	全称		出票人	全称		收款人	全称	
	账号			账号			账号	
	开户银行			开户银行			开户银行	
金额	人民币（大写）	位数	金额	人民币（大写）				亿千百十万千百十元角分
收款人	全称		票据种类		票据张数			
	账号		票据号码					
	开户银行		备注					
票据号码				复核		记账		
收款人开户行签章								

此联由收款人开户银行做贷方凭证

表 2-4-28　　　　　　　　　　中国建设银行转账借方传票

2014 年 06 月 20 日

科目（借）	应收利息		对方科目（贷）		利息收入										附件
户名或账号		摘　要			金　额										
					亿	千	百	十	万	千	百	十	元	角	分
环宇电力公司		利息逾期				￥	2	5	0	0	0	0	0	0	0	张
合计															

　　会计　　　　　　出纳　　　　　　复核　　　　　　记账　　　　　　制票

3) 银行汇票。

（1）济南市利明容器厂申请签发银行汇票一张，金额 800 000 元，银行同意申请，按规定出票（见表 2-4-29 至表 2-4-35）。

表 2-4-29　　　　　　　　　　中国建设银行
银行汇（本）票申请书

币别：人民币　　　　　2014 年 06 月 20 日　　　　　流水号 0016

业务类别	√□银行汇票　　□银行本票		付款方式	□√转账　　□现金										
申 请 人	利明容器厂		收 款 人	上海市明瑞机电设备有限公司										
账　　号	37001616108050003011		账　　号	31001512200050040398										
用　　途	货款		代理付款行	建行上海市宝山区新沪路大华支行										
金额	人民币（大写）	捌拾万元整			亿	千	百	十	万	千	百	十	元	角	分
							￥	8	0	0	0	0	0	0	0
上列款项请在我公司账户内支付 　　　　　　　　　　客户签章															

第一联　借方凭证

　　会计主管　　　　授权　　　　　　复核　　　　　　录入

表 2-4-30　　　　　　　　　　中国建设银行
银行汇（本）票申请书

币别：人民币　　　　　2014 年 06 月 20 日　　　　　流水号 0016

业务类别	√□银行汇票　　□银行本票		付款方式	□√转账　　□现金										
申 请 人	利明容器厂		收 款 人	上海市明瑞机电设备有限公司										
账　　号	37001616108050003011		账　　号	31001512200050040398										
用　　途	货款		代理付款行	建行上海市宝山区新沪路大华支行										
金额	人民币（大写）	捌拾万元整			亿	千	百	十	万	千	百	十	元	角	分
							￥	8	0	0	0	0	0	0	0
上列款项请在我公司账户内支付 　　　　　　　　　　客户签章															

第二联　银行作借方凭证

　　会计主管　　　　授权　　　　　　复核　　　　　　录入

表 2-4-31

中国建设银行
银行汇(本)票申请书

币别：人民币　　　　2014 年 06 月 20 日　　　　流水号 0016

业务类别	√□银行汇票　　□银行本票	付款方式	□√转账　　□现金
申请人	利明容器厂	收款人	上海市明瑞机电设备有限公司
账号	37001616108050003011	账号	31001512200050040398
用途	货款	代理付款行	建行上海市宝山区新沪路大华支行

金额	人民币（大写） 捌拾万元整	亿	千	百	十	万	千	百	十	元	角	分
					¥	8	0	0	0	0	0	0

上列款项请在我公司账户内支付

客户签章

会计主管　　　　授权　　　　复核　　　　录入

第三联　银行作贷方凭证

表 2-4-32

付款期限：壹个月

中国建设银行　　　1　　山东
银行汇票　　　　　　号码：Ⅷ 3526016

出票日期（大写）	贰零壹肆年零陆月零贰拾日	代理付款行：上海是新沪路大华支行　行号：100151000654
收款人：	上海市明瑞机电设备有限公司	账号：31001512200050040398
出票金额	人民币（大写） 捌拾万元整	RMB800 000.00

实际结算金额	人民币（大写） 捌拾万元整	千	百	十	万	千	百	十	元	角	分
				¥	8	0	0	0	0	0	0

申请人：利明容器厂　　　　　　账号：37001616108050003011
出票行：建行解放路支行　行号：105451000598
备注：
凭票付款
出票行签章

密押 365489

多余金额										
千	百	十	万	千	百	十	元	角	分	
0	0	0	0	0	0	0	0	0	0	复核　记账

此联签发行付款后作汇出汇款借方凭证

表 2-4-33

付款期限：壹个月

中国建设银行　　　2　　山东
银行汇票　　　　　　号码：Ⅷ 3526016

出票日期（大写）	年 月 日	代理付款行：　　　行号：
收款人：		账号：
出票金额	人民币（大写）	

实际结算金额	人民币（大写）	千	百	十	万	千	百	十	元	角	分

申请人：　　　　　　账号：
出票行：　　　行号：
备注：
凭票付款
出票行签章

密押

多余金额										
千	百	十	万	千	百	十	元	角	分	复核　记账

此联代理付款行付款后作联行往账借方凭证附件

表 2-4-34

付款期限 壹个月

中国建设银行 3 山东
银 行 汇 票 号码：Ⅷ 3526016

出票日期（大写） 年 月 日　代理付款行： 行号：

收款人：		账号：										
出票金额	人民币（大写）											
实际结算金额	人民币（大写）		千	百	十	万	千	百	十	元	角	分

申请人：________________ 账号：________________

出票行：__________ 行号：__________

备　注：________________

凭票付款

出票行签章

密押										
多余金额										
千	百	十	万	千	百	十	元	角	分	复核　记账

此联代理付款行付款后随报单寄签发行，由签发行作多余款贷方凭证

表 2-4-35

付款期限 壹个月

中国建设银行 4 山东
银 行 汇 票（多余款收账通知） 号码：Ⅷ 3526016

出票日期（大写） 年 月 日　代理付款行： 行号：

收款人：		账号：										
出票金额	人民币（大写）											
实际结算金额	人民币（大写）		千	百	十	万	千	百	十	元	角	分

申请人：________________ 账号：________________

出票行：__________ 行号：__________

备　注：________________

凭票付款

出票行签章

密押										
多余金额										
千	百	十	万	千	百	十	元	角	分	复核　记账

此联出票行结清多余款后交申请人

（2）济南市大明旅行社交来银行汇票第 2、第 3 联及三联进账单，票面金额 70 000 元，实际结算金额 65 000 元，付款人为河北晶玉旅游用品公司，银行审核无误代理付款（见表 2-4-36 至表 2-4-44）。

表 2-4-36

付款期限 壹个月

中国建设银行 2 河北
银 行 汇 票 号码：Ⅷ 3726055

出票日期（大写） 贰零壹肆年零陆月零捌日　代理付款行：济南建设银行解放路支行 行号：105451000598

收款人：	济南市大明旅行社	账号：370016160805000327										
出票金额	人民币（大写）柒万元整	RMB70 000.00										
实际结算金额	人民币（大写）陆万伍仟元整		千	百	十	万	千	百	十	元	角	分
					¥	6	5	0	0	0	0	0

申请人：河北晶玉旅游用品公司 账号：350015420805000306

出票行：邢台康王路支行 行号：107451000376

备　注：________________

凭票付款

出票行签章

密押 365421										
多余金额										
千	百	十	万	千	百	十	元	角	分	复核　记账
			¥	5	0	0	0	0	0	

此联代理付款行付款后作联行往账借方凭证附件

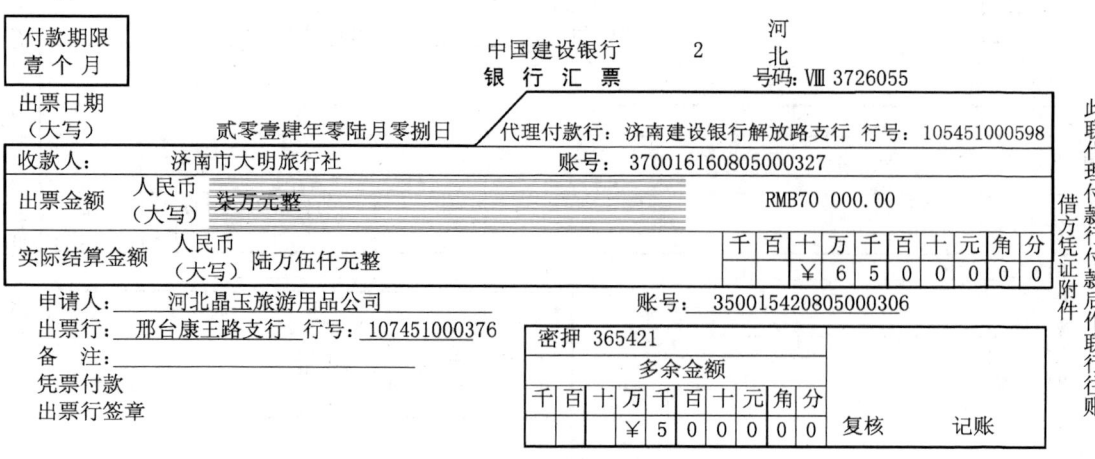

表 2-4-37

付款期限 壹个月		中国建设银行　　3 银 行 汇 票(解讫通知)　河北号码 Ⅷ 3726055	

出票日期（大写）　贰零壹肆年零陆月零捌日　　代理付款行：济南建设银行解放路支行　行号：105451000598

收款人：　济南市大明旅行社　　　　账号：370016160805000327

出票金额 人民币（大写）　柒万元整　　　　　　　　　　RMB70 000.00

实际结算金额 人民币（大写）　陆万伍仟元整

千	百	十	万	千	百	十	元	角	分
		¥	6	5	0	0	0	0	0

申请人：　河北晶玉旅游用品公司　　　账号：350015420805000306
出票行：　邢台康王路支行　行号：107451000376
备　注：
凭票付款
出票行签章

密押 365421　多余金额

千	百	十	万	千	百	十	元	角	分
			¥	5	0	0	0	0	0

复核　　记账

此联代理付款行付款后随报单寄签发行，由签发行作多余款贷方凭证

表 2-4-38

中国建设银行进账单(回单)　1

2014 年 06 月 20 日

出票人	全　称	河北晶玉旅游用品公司	收款人	全　称	
	账　号	350015420805000306		账　号	
	开户银行	邢台康王路支行		开户银行	
金额	人民币（大写）		亿 千 百 十 万 千 百 十 元 角 分		
票据种类		票据张数			
票据号码					

复核　　记账　　　　　　　　　　　　　　开户银行签章

此联由收款人开户银行交给收款人的回单

表 2-4-39

中国建设银行进账单（收账通知）3　　　中国建设银行进账单 （贷方凭证） 2

2014 年 6 月 20 日　　　　　　　　　　　2014 年 06 月 20 日

出票人	全称		位 数
	账号		
	开户银行		
金额	人民币（大写）		
收款人	全称		
	账号		
	开户银行		
票据号码			

收款人开户行签章
复核　　记账

出票人	全　称		收款人	全　称	
	账　号			账　号	
	开户银行			开户银行	
金额	人民币（大写）		亿 千 百 十 万 千 百 十 元 角 分		
票据种类		票据张数			
票据号码					
备注					

复核　　记账

此联由收款人开户银行做贷方凭证

表 2-4-40　　　　　　　　中国建设银行转账借方传票

2014 年 06 月 20 日

科　目 （借）　清算资金往来		对方 科目（贷）	吸收存款——活期存款	附件
户名或账号	摘　要		金　额 亿 千 百 十 万 千 百 十 元 角 分	
				张
	合　计			

会计　　　　　出纳　　　　　复核　　　　　记账　　　　　制票

表 2-4-41　　　　　中国建设银行邮划借方报单（来账卡片）　1

发报行	行号		编制　年　月　日	收报行	行号		号码		此联寄收报行转账后代清算资金往来卡片账
	行名				行名				
付款人账号或 名　称		收款人账号或 名　称	亿 千 百 十 万 千 百 十 元 角 分		合计 金额	亿 千 百 十 万 千 百 十 元 角 分			
					事由				
					附件				
备注：		发报行	发报行联行专用章	收报行	核对印鉴　　　核押 复核　　　　　记账 转账日期　　年　月　日				

表 2-4-42　　　　　中国建设银行邮划借方报单（来账报告卡）　2

发报行	行号		编制　年　月　日	收报行	行号		号码		此联由收报行随来账报告表寄管辖分行
	行名				行名				
付款人账号或 名　称		收款人账号或 名　称	亿 千 百 十 万 千 百 十 元 角 分		合计 金额	亿 千 百 十 万 千 百 十 元 角 分			
					事由				
					附件				
发报行联行专用章									

表 2-4-43　　　　中国建设银行邮划借方报单（往账报告卡）　3

发报行	行号		编制　年　月　日	收报行	行号		号码	
	行名				行名			

付款人账号或名称	收款人账号或名称	亿 千 百 十 万 千 百 十 元 角 分	合计金额	亿 千 百 十 万 千 百 十 元 角 分
			事由	
			附件	

发报行联行专用章

此联由发报行随往账报告表寄管辖分行

表 2-4-44　　　　中国建设银行邮划借方报单（往账卡片）　4

发报行	行号		编制　年　月　日	收报行	行号		号码	
	行名				行名			

付款人账号或名称	收款人账号或名称	亿 千 百 十 万 千 百 十 元 角 分	合计金额	亿 千 百 十 万 千 百 十 元 角 分
			事由	
			附件	

备注：　　　　　　　　　　　　　　　　　　　　收报行　　　　　编制　　　复核

此联发报行留存代清算资金往来卡片账

（3）银行收到联行中国建设银行北京市前门支行寄来的邮划借方报单及银行汇票解讫通知，实际结算金额为 360 000 元，经审核，票据为 2014 年 6 月 1 日由本行开户的万通机械设备有限公司申请的面额为 380 000 元的银行汇票，办理转账（见表 2-4-45 至表 2-4-49）。

表 2-4-45　　　　中国建设银行邮划借方报单（来账卡片）　1

发报行	行号	105100001028	编制 2014年06月16日	收报行	行号	105451000598	号码	372689
	行名	建行北京市前门支行			行名	建行济南市解放路支行		

付款人账号或名称	收款人账号或名称	亿 千 百 十 万 千 百 十 元 角 分	合计金额	亿 千 百 十 万 千 百 十 元 角 分
万通机械设备公司	北京用友公司	¥ 3 6 0 0 0 0 0 0		¥ 3 6 0 0 0 0 0 0
			事由　结清汇票款	
			附件　银行汇票	

备注：	发报行		收报行	核对印鉴　　　核押
		发报行联行专用章		复核　　　　　记账 转账日期 2014年06月16日

此联寄收报行转账后代清算资金往来卡片账

表 2-4-46　　　　中国建设银行邮划借方报单（来账报告卡）　2

发报行	行号	105100001028		编制2014年06月16日		收报行	行号	105451000598		号码 372689
	行名	建行北京市前门支行					行名	建行济南市解放路支行		

付款人账号或名称	收款人账号或名称	亿	千	百	十	万	千	百	十	元	角	分	合计金额	亿	千	百	十	万	千	百	十	元	角	分
万通机械设备公司	北京用友公司			¥	3	6	0	0	0	0	0	0				¥	3	6	0	0	0	0	0	0

事由　结清汇票款

附件　银行汇票

发报行联行专用章

此联寄收报行转账后代清算资金往来卡片账

表 2-4-47

付款期限　壹个月

中国建设银行　　3
银 行 汇 票（解讫通知）　河北号码 Ⅷ 372689

出票日期（大写）　贰零壹肆年零陆月零壹日　　代理付款行：建行北京前门支行　行号：105100001028

收款人：北京用友公司　　账号：105011160405000323

出票金额　人民币（大写）　叁拾捌万元整　　RMB380 000.00

实际结算金额　人民币（大写）　叁拾陆万元整　　千 百 十 万 千 百 十 元 角 分　¥ 3 6 0 0 0 0 0 0

申请人：万通机械设备有限公司　　账号：3700161608050001266

出票行：建行济南解放路支行　行号：105451000598

密押 321426

多余金额　千 百 十 万 千 百 十 元 角 分　¥ 2 0 0 0 0 0 0 0

备注：＿＿＿＿＿＿＿＿＿

凭票付款

出票行签章　　　　复核　　记账

此联代理付款行付款后随报单寄签发行，由签发行作多余款贷方凭证

表 2-4-48

付款期限　壹个月

中国建设银行　　4　　山东
银 行 汇 票（多余款收账通知）　号码：Ⅷ 72689

出票日期（大写）　贰零壹肆年零陆月零壹日　　代理付款行：建行北京前门支行　行号：105100001028

收款人：北京用友公司　　账号：105011160405000323

出票金额　人民币（大写）　叁拾捌万元整　　RMB380 000.00

实际结算金额　人民币（大写）　叁拾陆万元整　　千 百 十 万 千 百 十 元 角 分　¥ 3 6 0 0 0 0 0 0

申请人：万通机械设备有限公司　　账号：3700161608050001266

出票行：建行济南解放路支行　行号：105451000598

密押 321426

多余金额　千 百 十 万 千 百 十 元 角 分　¥ 2 0 0 0 0 0 0 0

备注：＿＿＿＿＿＿＿＿＿

凭票付款

出票行签章　　　　复核　　记账

此联出票行结清多余款后交申请人

表 2-4-49　　　　　　　　中国建设银行转账贷方传票

2014 年 06 月 20 日

科　目 （贷）　清算资金往来		对方 科目（借）	其他应付款——汇出汇款	附件
户名和账号	摘　要		亿 千 百 十 万 千 百 十 元 角 分	
				张

会计　　　　　出纳　　　　　复核　　　　　记账　　　　　制票

4) 商业汇票。

（1）银行收到建行太原迎泽路支行寄来的邮划贷方报单第一、第二联，托收凭证第四联，系本行开户的华韵建筑设计院 6 月 14 日委托收取的汇票款，金额 320 000 元，按规定办理转账（见表 2-4-50 至表 2-4-52）。

表 2-4-50　　　　　　　中国建设银行　托收凭证　　4　　　　　　（五联）

委托日期：2014 年 06 月 14 日

业务类型	委托收款　（✓□邮划　□电划）			托收承付　（□邮划　□电划）			
付款人	全称	太原市园林局		收款人	全称	华韵建筑设计院	
	账户	30017862130014650887			账户	37001616108050001345	
	地址	山西省太原市 县（区）	开户 银行	建行迎泽路支行	地址	山东省济南市 县（区）	开户 银行	建行解放路支行
金额人民币 （大写）	叁拾贰万元整					亿 千 百 十 万 千 百 十 元 角 分 ¥　　　3 2 0 0 0 0 0 0	
款项内容	设计费	托收凭据名称	商业承兑汇票	附寄单证张数	1　张		
商品发运情况		合同名称号码					
备注：	上列款项已划回收入你方账户内。						
	复核　记账			银行印鉴			

（此联收款人开户银行作收账通知）

表 2-4-51　　　　　中国建设银行邮划贷方报单（来账卡片）　　1

发报行	行号	105100008032	编制 2014 年 06 月 17 日	收报行	行号	105451000598	号码 4526669
	行名	建行太原迎泽路支行			行名	建行济南市解放路支行	
付款人账号或名称		收款人账号或名称	亿 千 百 十 万 千 百 十 元 角 分	合计金额	亿 千 百 十 万 千 百 十 元 角 分 ¥　　　3 2 0 0 0 0 0 0		
太原市园林局		华韵建筑设计院	¥　　　3 2 0 0 0 0 0 0	事由	结清汇票款		
				附件	商业承兑汇票		
备注：			发报行	收报行	核对印鉴　　　核押 复核　　　　记账		
		发报行联行专用章			转账日期 2014 年 06 月 17 日		

（此联寄收报行转账后代清算资金往来卡片账）

表 2-4-52　　　中国建设银行邮划贷方报单（来账报告卡）　2

发报行	行号	105100008032	编制2014年06月17日									收报行	行号	105451000598			号码 4526669						
	行名	建行太原迎泽路支行											行名	建行济南市解放路支行										
付款人账号或名称		收款人账号或名称		亿	千	百	十	万	千	百	十	元	角	分	合计金额	亿	千	百	十	万	千	百	十	元	角	分
太原市园林局		华韵建筑设计院		¥	3	2	0	0	0	0	0	0	0	0			¥	3	2	0	0	0	0	0	0	0
															事由	结清汇票款										
															附件	商业承兑汇票										

发报行联行专用章

此联寄收报行转账后代清算资金往来卡片账

（2）银行今天收到昨天通知常青园生态大酒店付款的一张商业承兑汇票款，金额300 000元，银行按规定办理汇款（见表2-4-53至表2-4-58）。

表 2-4-53　　　　商 业 承 兑 汇 票　　2　　　号码 Ⅷ365894

出票日期　贰零壹肆年零叁月零贰拾日

付款人	全称	常青园生态大酒店	收款人	全称	武汉市丁丁香燃气炊具厂										
	账户	37001616108050005632		账户	42010001876213245546										
	开户银行	建行济南解放路支行		开户银行	建行工业路支行				行号 105100006201						
出票金额	人民币（大写）	叁拾万元整			亿	千	百	十	万	千	百	十	元	角	分
								¥	3	0	0	0	0	0	0
汇票到期日		2014/06/20	交易合同号码												
本汇票已经承兑，到期无条件支付票款			本汇票请予以承兑于到期日付款												

承兑人签章
承兑日期2014年3月20日
出票人签章

此联收款人开户行随结算凭证寄付款人开户行作借方凭证附件

表 2-4-54　　　中国建设银行　托收凭证　3　　　　（五联）

委托日期：2014 年 06 月 14 日

业务类型		委托收款	（√□邮划　　□电划）			托收承付	（□邮划　　□电划）								
付款人	全称	常青生态园大酒店				收款人	全称								
	账户	37001616108050005632					账户								
	地址	省市	县（区）	开户银行			地址	省市	县（区）	开户银行	建行解放路支行				
金额人民币（大写）								亿	千	百	十	万	千	百	十	元	角	分
款项内容		货款	托收凭据名称		商业承兑汇票	附寄单证张数			1 张						
商品发运情况						合同名称号码									
备注：															

复核　记账

银行印鉴

此联付款人开户银行作借方凭证

表 2-4-55　　　　　　　中国建设银行　托收凭证　　4　　　　　　　　　（五联）

委托日期：2014 年 06 月 14 日

业务类型	委托收款 （√□邮划　　□电划）			托收承付 （□邮划　　□电划）			
付款人	全称	常青生态园大酒店		收款人	全称		
	账户	37001616108050005632			账户		
	地址	省市县（区）	开户银行		地址	省市县（区）	开户银行　建行解放路支行
金额人民币（大写）					亿千百十万千百十元角分		
款项内容	货款	托收凭据名称	商业承兑汇票	附寄单证张数	1 张		
商品发运情况				合同名称号码			
备注： 复核　　记账				银行印鉴			

此联收款人开户银行作收账通知

表 2-4-56　　　　　　　中国建设银行　托收凭证　　5　　　　　　　　　（五联）

委托日期：2014 年 06 月 14 日

业务类型	委托收款 （√□邮划　　□电划）			托收承付 （□邮划　　□电划）			
付款人	全称	常青生态园大酒店		收款人	全称		
	账户	37001616108050005632			账户		
	地址	省市县（区）	开户银行		地址	省市县（区）	开户银行　建行解放路支行
金额人民币（大写）					亿千百十万千百十元角分		
款项内容	货款	托收凭据名称	商业承兑汇票	附寄单证张数	1 张		
商品发运情况				合同名称号码			
备注： 复核　　记账				银行印鉴			

此联付款人开户银行给付款人作付款通知

表 2-4-57　　　　　　中国建设银行邮划贷方报单（来账卡片）　　1

发报行	行号	1054510005981	编制2014年06月20日	收报行	行号	105100003869	号码 365894
	行名				行名		
付款人账号或名称		收款人账号或名称	亿千百十万千百十元角分		合计金额	亿千百十万千百十元角分	
					事由	结清汇票款	
					附件	商业承兑汇票	
备注： 发报行 发报行联行专用章				收报行	核对印鉴　　核押 复核　　　　记账 转账日期2014年06月20日		

此联寄收报行转账后代清算资金往来卡片账

表 2-4-58　　　　中国建设银行邮划贷方报单（来账报告卡）　2

发报行	行号	105451000598	编制2014年06月20日								收报行	行号	10510003869		号码 365894						
	行名											行名									
付款人账号或名称		收款人账号或名称		亿	千	百	十	万	千	百	十	元	角	分	合计金额	亿千百十万千百十元角分					
																¥	3	2	0	0	0	0	0	0
															事由	结清汇票款					
															附件	商业承兑汇票					

发报行联行专用章

此联寄收报行转账后代清算资金往来卡片账

（3）本行开户单位环宇电力公司持银行承兑汇票办理承兑，经银行有关部门审核后同意承兑，按要求填写承兑协议并向其按票面金额的5‰收取手续费，票据金额为 580 000 元（见表 2-4-59 至表 2-4-63）。

表 2-4-59　　　　　　　　　银行承兑协议　（留存）

编号：　000030

银行承兑汇票的内容：

　　出票人全称　　环宇电力公司　　　　收款人全称　　泰安高压开关厂
　　开户银行　　建行解放路支行　　　　开户银行　　建行青年路支行
　　账　　号　　3700161608050002206　　账　　号　　3700971508060005688
　　汇票号码　　36521012　　　　　　　汇票金额人民币（大写）　伍拾捌万元整
　　出票日期　2014 年 06 月 20 日　　　　到期日期　2014 年 09 月 20 日

以上汇票经银行承兑，出票人应遵守《支付结算办法》的规定及以下条款：

　　一、出票人于汇票到期日前将应付票款足额交存承兑银行。
　　二、承兑手续费按票面金额万分之（五）计算，在银行承兑时一次付清。
　　三、出票人与持票人如发生任何纠纷，均由双方自行处理。票款于到期前仍按第一条办理不误。
　　四、承兑汇票到期日，承兑银行凭票无条件支付票款，如到期日之前出票人不能足额支付票款时，承兑银行按不足部分的票款转作出票人逾期贷款，并按照有关规定计算罚息。
　　五、承兑汇票款付清后，本协议自动失效。

　　承兑银行签章　　　　　　出票人签章

订立承兑协议日期　2014 年 06 月 20 日

表 2-4-60　　　　　　　　　　银行承兑协议　（副本）

编号：000030

银行承兑汇票的内容：

出票人全称　环宇电力公司　　　　收款人全称　泰安高压开关厂
开户银行　建行解放路支行　　　　开户银行　建行青年路支行
账　　号　3700161608050002206　账　　号　3700971508060005688
汇票号码　36521012　　　　　　　汇票金额人民币（大写）　伍拾捌万元整
出票日期　2014 年 06 月 20 日　　到期日期　2014 年 09 月 20 日

以上汇票经银行承兑，出票人应遵守《支付结算办法》的规定及以下条款：

六、出票人于汇票到期日前将应付票款足额交存承兑银行。

七、承兑手续费按票面金额万分之（五）计算，在银行承兑时一次付清。

八、出票人与持票人如发生任何纠纷，均由双方自行处理。票款于到期前仍按第一条办理不误。

九、承兑汇票到期日，承兑银行凭票无条件支付票款，如到期日之前出票人不能足额支付票款时，承兑银行按不足部分的票款转作出票人逾期贷款，并按照有关规定计算罚息。

十、承兑汇票款付清后，本协议自动失效。

承兑银行签章　　　　　　出票人签章

订立承兑协议日期　2014 年 06 月 20 日

表 2-4-61　　　　　银 行 承 兑 汇 票　　（卡片）　1　　号码 Ⅷ 36521012

出票日期贰零壹肆年零陆月零贰拾日

出票人全称	环宇电力公司	收款人	全　称	泰安高压开关厂		
出票人账户	3700161608050002206		账　户	3700971508060005688		
开户行全称	中国建设银行济南解放路支行		开户银行	建行青年路支行	行号	105633000366
出票金额	人民币（大写）　伍拾捌万元整	亿千百十万千百十元角分　¥ 5 8 0 0 0 0 0 0				
汇票到期日	2014/09/20	付款行	行号	105451000598		
承兑协议编号	00030		地址	建行济南解放路支行		
本汇票请你行承兑，此项汇票款我单位按承兑协议到期日前足额交存你行，到期请予以支付。　　　　　出票人签章　　　　日期 2014年06月20日		密押				
		备注		复核		记账

此联承兑行支付票款时作借方凭证

表 2-4-62　　　　　　　　　银 行 承 兑 汇 票　　2　　　　号码 Ⅷ 36521012

出票日期贰零壹肆年零陆月零贰拾日

出票人全称	环宇电力公司	收款人	全　称	泰安高压开关厂									
出票人账户	3700161608050002206		账　户	3700971508060005688									
开户行全称	中国建设银行济南解放路支行		开户银行	建行青年路支行　行号 105633000366									
出票金额	人民币（大写）伍拾捌万元整			亿	千	百	十	万	千	百	十	元	角	分
							¥	5	8	0	0	0	0	0	0
汇票到期日	2014/09/20	付款行	行号	105451000598									
承兑协议编号	00030		地址	建行济南解放路支行									

本汇票请你行承兑，到期无条件付款。

出票人签章

本汇票已经承兑，到期日由本行付款。

承兑行签章

承兑日期 2014年06月20日

备注：

密押

复核　　　　记账

此联收款人开户行随托收凭证寄付款行作借方凭证附件

表 2-4-63　　　　　　　中国建设银行
　　　　　　　　　　　　业务收费凭证

币别　人民币　　　　2014 年 06 月 20 日　　　　流水号 003655

付款人				账　号		
项目名称	工本费	手续费	电子汇划费		金额	
汇票承兑						
金额（大写）					¥	
付款方式	转账					
业务类型	对公收费					

(4) 本行开户单位飞翔技校的一张银行承兑汇票到期,汇票金额 260 000 元,银行按协议收取票款(见表 2-4-64 至表 2-4-68)。

表 2-4-64　　　　　　　　　　**银行承兑协议**　(副本)

编号：000012

银行承兑汇票的内容：

出票人全称　济南飞翔技校　　　　收款人全称　泰安起重机厂
开户银行　建行解放路支行　　　　开户银行　建行青年路支行
账　　号　3700161608050001116　账　　号　3700971508060003620
汇票号码　00521016　　　　　　　汇票金额人民币(大写)　贰拾陆万元整
出票日期　2014 年 04 月 18 日　　到期日期　2014 年 06 月 20 日

以上汇票经银行承兑,出票人应遵守《支付结算办法》的规定及以下条款：

十一、出票人于汇票到期日前将应付票款足额交存承兑银行。

十二、承兑手续费按票面金额万分之(五)计算,在银行承兑时一次付清。

十三、出票人与持票人如发生任何纠纷,均由双方自行处理。票款于到期前仍按第一条办理不误。

十四、承兑汇票到期日,承兑银行凭票无条件支付票款,如到期日之前出票人不能足额支付票款时,承兑银行按不足部分的票款转作出票人逾期贷款,并按照有关规定计算罚息。

十五、承兑汇票款付清后,本协议自动失效。

承兑银行签章　　　　　　　出票人签章

订立承兑协议日期　2014 年 04 月 20 日

表 2-4-65　　　　　　**银行承兑汇票**　(卡片)　1　　　号码 Ⅷ 00521016

出票日期贰零壹肆年零肆月零壹拾捌日

出票人	全称	济南飞翔技校	收款人	全称	泰安起重机厂										
	出票人账户	370016160805001106		账户	3700971508060003620										
	开户行全称	中国建设银行济南解放路支行		开户银行	建行青年路支行	行号	105633000366								
出票金额	人民币(大写)	贰拾陆万元整				亿	千	百	十	万	千	百	十	元	角	分
								￥	2	6	0	0	0	0	0	0
汇票到期日	2014/06/20		付款行	行号	105451000598										
承兑协议编号	0012			地址	建行济南解放路支行										
本汇票请你行承兑,此项汇票款我单位按承兑协议到期日前足额交存你行,到期请予以支付。					密押										
		出票人签章 日期 2014年06月20日		备注		复核	记账								

此联承兑行支付票款时作借方凭证

表 2-4-66　　　　　　　　中国建设银行特种转账借方传票
　　　　　　　　　　　　　　　年　　月　　日

付款单位	全　称		收款单位	全　称				附件
	账号或地址			账号或地址				
	开户金融企业		行　号		开户金融企业		行　号	
金额	人民币（大写）				金　额 亿千百十万千百十元角分			
原始凭证金额		赔偿金		科目（借）　吸收存款——活期存款				张
原始凭证名称		号　码		对方科目（贷）　其他应付款——应解汇款				
转账原因			银行盖章	会计　　　复核　　　记账				

　　　会计　　　　　　出纳　　　　　　复核　　　　　　记账　　　　　　制票

表 2-4-67　　　　　　　　中国建设银行特种转账借方传票
　　　　　　　　　　　　　　　年　　月　　日

付款单位	全　称		收款单位	全　称				附件
	账号或地址			账号或地址				
	开户金融企业		行　号		开户金融企业		行　号	
金额	人民币（大写）				金　额 亿千百十万千百十元角分			
原始凭证金额		赔偿金		科目（借）　吸收存款——活期存款				张
原始凭证名称		号　码		对方科目（贷）　其他应付款——应解汇款				
转账原因			银行盖章	会计　　　复核　　　记账				

　　　会计　　　　　　出纳　　　　　　复核　　　　　　记账　　　　　　制票

表 2-4-68　　　　　　　　中国建设银行特种转账贷方传票
　　　　　　　　　　　　　　2014 年 06 月 20 日

付款单位	全　称		收款单位	全　称				附件
	账号或地址			账号或地址				
	开户金融企业		行　号		开户金融企业		行　号	
金额	人民币（大写）				金　额 亿千百十万千百十元角分			
原始凭证金额		赔偿金		科目（借）　其他应付款——应解汇款				张
原始凭证名称		号　码		对方科目（贷）　吸收存款——活期存款				
转账原因			银行盖章	会计　　　复核　　　记账				

　　　会计　　　　　　出纳　　　　　　复核　　　　　　记账　　　　　　制票

2. 实训要求

按照实训一中"7）实训方法"的规定和步骤填写会计凭证和登记实训一中对应的分户账。

实训五 非票据业务

1. 实训资料

中国建设银行济南市解放路支行 2014 年 6 月 20 日发生如下非票据结算业务。

1）汇兑。

（1）银行收到本行开户单位飞翔技校交来信汇凭证一份，金额 160 000 元，要求汇往建行开户的浙江嵊州鹏远仪器设备厂，银行审核以后转账付款（见表 2-5-1 至表 2-5-9）。

表 2-5-1　　　　　　　　中国××银行　信汇凭证（回单）　1

委托日期　2014 年 06 月 20 日　　　　　　　　第 20 号

汇款人	全称	济南飞翔技校	收款人	全称	浙江嵊州鹏远仪器设备厂	此联汇出行作汇款人回单
	账户	3700161608050000116		账户	105106260405000322	
	汇出地点	山东 省 济南 市/县		汇入地点	浙江 省 嵊州 市/县	
汇出行名称		建行解放路支行	汇入行名称			
金额	人民币（大写）	壹拾陆万元整	亿千百十万千百十元角分　¥ 1 6 0 0 0 0 0 0			
			支票密码　365021			
			附加信息及用途：货款			
		汇出行签章		复核　　记账		

表 2-5-2　　　　　　　　中国建设银行　信汇凭证（借方凭证）　2

委托日期　年　月　日　　　　　　　　第　号

汇款人	全称		收款人	全称		此联汇出行作借方凭证
	账户			账户		
	汇出地点	省　　市/县		汇入地点	省　　市/县	
汇出行名称			汇入行名称			
金额	人民币（大写）		亿千百十万千百十元角分			
			支票密码			
			附加信息及用途			
		汇出行签章		复核　　记账		

表 2-5-3　　　　　　　　中国建设银行　信汇凭证（贷方凭证）　3

委托日期　年　月　日　　　　　　　　第　号

汇款人	全称		收款人	全称		此联汇入行作贷方凭证
	账户			账户		
	汇出地点	省　　市/县		汇入地点	省　　市/县	
汇出行名称			汇入行名称			
金额	人民币（大写）		亿千百十万千百十元角分			
			支票密码			
			附加信息及用途			
		汇出行签章		复核　　记账		

表2-5-4　　　　　　　中国建设银行　信汇凭证（收账通知）　4

委托日期　年　月　日　　　　　　　第　号

汇款人	全称		收款人	全称											此联汇入行作收款人的收账通知
	账户			账户											
	汇出地点	省　　　市/县		汇入地点	省　　　市/县										
汇出行名称			汇入行名称												
金额	人民币（大写）				亿	千	百	十	万	千	百	十	元	角	分
			支票密码												
			附加信息及用途												
		汇出行签章			复核　　记账										

表2-5-5　　　　　　中国建设银行邮划贷方报单（来账卡片）　1

发报行	行号		编制　年　月　日	收报行	行号		号码									此联寄收报行转账后代清算资金往来卡片账
	行名				行名											
付款人账号或名称		收款人账号或名称		亿 千 百 十 万 千 百 十 元 角 分								合计金额	亿 千 百 十 万 千 百 十 元 角 分			
												事由				
												附件				
备注：		发报行	发报行联行专用章			收报行	核对印鉴　　核押 复核　　　　记账 转账日期　　年　月　日									

表2-5-6　　　　　　中国建设银行邮划贷方报单（来账报告卡）　2

发报行	行号		编制　年　月　日	收报行	行号		号码									此联寄收报行转账后代清算资金往来卡片账
	行名				行名											
付款人账号或名称		收款人账号或名称		亿 千 百 十 万 千 百 十 元 角 分								合计金额	亿 千 百 十 万 千 百 十 元 角 分			
												事由				
												附件				
发报行联行专用章																

表 2-5-7　　　　　中国建设银行邮划借方报单(往账报告卡)　3

发报行	行号		编制　　年　月　日		收报行	行号		号码		此联由发报行随往账报告表寄管辖分行
	行名					行名				
	付款人账号或名称	收款人账号或名称	亿千百十万千百十元角分			合计金额	亿千百十万千百十元角分			
						事由				
						附件				
发报行联行专用章										

表 2-5-8　　　　　中国建设银行邮划借方报单(往账卡片)　4

发报行	行号		编制　　年　月　日		收报行	行号		号码		此联发报行留存代清算资金往来卡片账
	行名					行名				
	付款人账号或名称	收款人账号或名称	亿千百十万千百十元角分			合计金额	亿千百十万千百十元角分			
						事由				
						附件				
备注:						收报行				
							编制　　复核			

表 2-5-9　　　　　中国建设银行转账贷方传票

2014 年 06 月 20 日

科　目 （贷）清算资金往来			对方科目(借)	吸收存款——单位活期存款	附件
户名或账号		摘　　要		金　额 亿千百十万千百十元角分	
		合　计			张
会计　　　　出纳　　　　复核　　　　记账　　　　制票					

(2) 银行收到由建行北京新华支行寄来的邮划贷方报单第 1、第 2 联和信汇凭证第 3、第 4 联，汇款金额 320 000 元，系本行开户单位万通机械设备公司的销货款，银行审核无误以后办理转账(见表 2-5-10 至表 2-5-14)。

表 2-5-10　　　　中国建设银行邮划贷方报单（来账卡片）　1

发报行	行号	105100001036	编制2014年06月17日	收报行	行号	105451000598	号码 35641
	行名	中国建设银行北京新华支行			行名	中国建设银行济南解放路支行	

付款人账号或名称	收款人账号或名称	亿	千	百	十	万	千	百	十	元	角	分	合计金额	亿	千	百	十	万	千	百	十	元	角	分
11001019200019800032	37001616108050001266		¥	3	2	0	0	0	0	0	0	0				¥	3	2	0	0	0	0	0	0

事由　　货款

附件：　信汇凭证3、4联

备注：　　　发报行　　　发报行联行专用章　　　收报行　　核对印鉴　　核押　　复核　　记账　　转账日期　2014年06月20日

此联寄收报行转账后代清算资金往来卡片账

表 2-5-11　　　　中国建设银行邮划贷方报单（来账报告卡）　2

发报行	行号	105100001036	编制2014年06月17日	收报行	行号	105451000598	号码 35641
	行名	中国建设银行北京新华支行			行名	中国建设银行济南解放路支行	

付款人账号或名称	收款人账号或名称	亿	千	百	十	万	千	百	十	元	角	分	合计金额	亿	千	百	十	万	千	百	十	元	角	分
11001019200019800032	37001616108050001266		¥	3	2	0	0	0	0	0	0	0				¥	3	2	0	0	0	0	0	0

事由　　货款

附件：　信汇凭证3、4联

发报行联行专用章

此联寄收报行转账后代清算资金往来卡片账

表 2-5-12　　　　中国建设银行　信汇凭证（贷方凭证）　3

委托日期 2014 年 06 月 17 日　　　　　　　　　　　　第 16 号

汇款人	全称	北京归元仪器有限公司	收款人	全称	济南万通机械设备公司
	账户	11001019200019800032		账户	37001616108050001266
	汇出地点	北京市 省　　市/县		汇入地点	山东 省 济南 市/县
	汇出行名称	中国建设银行北京新华支行		汇入行名称	中国建设银行济南解放路支行

金额	人民币（大写）	叁拾贰万元整	亿	千	百	十	万	千	百	十	元	角	分
						¥	3	2	0	0	0	0	0	0

支票密码

附加信息及用途：货款

汇出行签章　　　　　　　　　　　　　　　复核　　记账

此联汇入行作贷方凭证

表 2-5-13　　　　　　　中国建设银行　信汇凭证(收账通知)　4

委托日期 2014 年 06 月 17 日　　　　　　第 16 号

汇款人	全称	北京归元仪器有限公司	收款人	全称	济南万通机械设备公司	此联汇入行作贷方凭证
	账户	11001019200019800032		账户	37001616108050001266	
	汇出地点	北京市　省　　市/县		汇入地点	山东　省　济南　市/县	
	汇出行名称	中国建设银行北京新华支行		汇入行名称	中国建设银行济南解放路支行	
金额	人民币(大写)	叁拾贰万元整			亿千百十万千百十元角分 ￥3 2 0 0 0 0 0 0	

支票密码

附加信息及用途：货款

汇出行签章　　　　　　　　　　　　　复核　　记账

表 2-5-14　　　　　　中国建设银行转账借方传票

年　月　日

科目 （借）　清算资金往来		对方科目（贷）	吸收存款——活期存款	附件
			金额	
户名或账号	摘要		亿千百十万千百十元角分	
合计				张

会计　　　　出纳　　　　复核　　　　记账　　　　制票

（3）本行开户单位利明容器厂委托银行办理电汇款，金额 50 000 元（见表 2-5-15 至表 2-5-22）。

表 2-5-15　　　　　　中国建设银行　电汇凭证(回单)　1

委托日期 2014 年 06 月 17 日　　　　　　第 10 号

汇款人	全称	利明容器厂	收款人	全称	北京市彭宇建材有限公司	此联汇出行给汇款人的回单
	账户	37001616080500003236		账户	11001019200019800078	
	汇出地点	北京市　省　　市/县		汇入地点	北京　省　　市/县	
	汇出行名称	中国建设银行济南解放路支行		汇入行名称	中国建设银行北京德胜支行	
金额	人民币(大写)	伍万元整			亿千百十万千百十元角分 ￥5 0 0 0 0 0 0 0	

支票密码

附加信息及用途：货款

汇出行签章　　　　　　　　　　　　　复核　　记账

表 2-5-16 中国建设银行 信汇凭证（借方凭证） 2

委托日期 2014 年 06 月 17 日　　　　　　　　第 10 号

汇款人	全 称	利明容器厂	收款人	全 称	北京市彭宇建材有限公司
	账 户	3700161608050003236		账 户	110010192000198000 78
	汇出地点	北京市 省　　市/县		汇入地点	北京 省　　市/县
	汇出行名称	中国建设银行济南解放路支行		汇入行名称	中国建设银行北京德胜支行

金额　人民币（大写）　伍万元整　　　　　亿千百十万千百十元角分
　　　　　　　　　　　　　　　　　　　　　　　　　¥ 5 0 0 0 0 0 0 0

支票密码

附加信息及用途：货款

汇出行签章　　　　　　　　复核　　记账

此联汇出行作借方凭证

表 2-5-17 中国建设银行 信汇凭证（发电依据） 3

委托日期 2014 年 06 月 17 日　　　　　　　　第 10 号

汇款人	全 称	利明容器厂	收款人	全 称	北京市彭宇建材有限公司
	账 户	3700161608050003236		账 户	110010192000198000 78
	汇出地点	北京市 省　　市/县		汇入地点	北京 省　　市/县
	汇出行名称	中国建设银行济南解放路支行		汇入行名称	中国建设银行北京德胜支行

金额　人民币（大写）　伍万元整　　　　　亿千百十万千百十元角分
　　　　　　　　　　　　　　　　　　　　　　　　　¥ 5 0 0 0 0 0 0 0

支票密码

附加信息及用途：货款

汇出行签章　　　　　　　　复核　　记账

此联汇出行凭依拍发电报

表 2-5-18 中国建设银行电划贷方补充报单（来账卡片） 1

发报行	行号		编制 年 月 日	收报行	行号		号码 302
	行名				行名		

付款人账号或名称	收款人账号或名称	亿千百十万千百十元角分	合计金额	亿千百十万千百十元角分
			事由：	
			附件：	

备注：　　　　发报行　　　　　　　　　　收报行　　核对印鉴　　核押
　　　　　　　　　　　　　　　　　　　　　　　　　复核　　　　记账
　　　　　发报行联行专用章　　　　　　　　　　　转账日期　2014年06月20日

此联寄收报行转账后代清算资金往来卡片账

表 2-5-19　　中国建设银行电划贷方补充报单（来账报告卡）　2

发报行	行号		编制　年　月　日		收报行	行号		号码 302	
	行名					行名			

付款人账号或名称	收款人账号或名称	亿 千 百 十 万 千 百 十 元 角 分	合计金额	亿 千 百 十 万 千 百 十 元 角 分
			事由	
			附件	

发报行联行专用章

此联寄收报行转账后代清算资金往来卡片账

表 2-5-20　　中国建设银行电划贷方补充报单（往账报告卡）　3

发报行	行号		编制　年　月　日		收报行	行号		号码 302	
	行名					行名			

付款人账号或名称	收款人账号或名称	亿 千 百 十 万 千 百 十 元 角 分	合计金额	亿 千 百 十 万 千 百 十 元 角 分
			事由	
			附件	

发报行联行专用章

此联由发报行随往账报告表寄管辖分行

表 2-5-21　　中国建设银行电划贷方补充报单（往账卡片）　4

发报行	行号		编制　年　月　日		收报行	行号		号码 302	
	行名					行名			

付款人账号或名称	收款人账号或名称	亿 千 百 十 万 千 百 十 元 角 分	合计金额	亿 千 百 十 万 千 百 十 元 角 分
			事由	
			附件	
备注：			收报行　　　编制　　复核	

此联发报行留存代清算资金往来卡片账

表 2-5-22 中国建设银行转账贷方传票
2014 年 06 月 20 日

科目（贷） 清算资金往来		对方科目（借）	吸收存款——单位活期存款									
户名或账号	摘 要		金 额									
			亿	千	百	十	万	千	百	十	元	角	分
合 计													

会计　　　　出纳　　　　复核　　　　记账　　　　制票

（4）银行收到建行北京海淀区宝盛路支行发来的电划报单，金额为 48 000 元，收款人为本行开户的济南华韵建筑设计院，审核无误，办理转账（见表 2-5-23 至表 2-5-26）。

表 2-5-23　中国建设银行电划贷方补充报单（来账卡片）　1

发报行	行号	105100008058	编制 2014 年 06 月 20 日								收报行	行号	105451000598		号码 0032						
	行名	中国建设银行北京海淀区宝盛路支行										行名	中国建设银行济南解放路支行									
	付款人账号或名称		收款人账号或名称	亿	千	百	十	万	千	百	十	元	角	分	合计金额	亿	千	百	十	万	千	百	十	元	角	分
	11001019200018800066						￥	4	8	0	0	0	0	0							￥	4	8	0	0	0	0	0
															事由：　设计勘察费用										
															附件										
备注：	发报行 发报行联行专用章										收报行	核对印鉴　　　核押 复核　　　　记账 转账日期 2014 年 06 月 20 日									

此联寄收报行转账后代清算资金往来卡片账

表 2-5-24　中国建设银行电划贷方补充报单（来账报告卡）　2

发报行	行号	105100008058	编制 2014 年 06 月 20 日								收报行	行号	105451000598		号码 0032						
	行名	中国建设银行北京海淀区宝盛路支行										行名	中国建设银行济南解放路支行									
	付款人账号或名称		收款人账号或名称	亿	千	百	十	万	千	百	十	元	角	分	合计金额	亿	千	百	十	万	千	百	十	元	角	分
	11001019200018800066						￥	4	8	0	0	0	0	0							￥	4	8	0	0	0	0	0
															事由：　设计勘察费用										
															附件										
发报行联行专用章																						

此联寄收报行转账后代清算资金往来卡片账

表 2-5-25　　　　　　　　中国建设银行转账借方传票
年　月　日

科目 （借）清算资金往来		对方 科目（贷）	吸收存款——活期存款											附 件
户名或账号		摘　要	金　额											
			亿	千	百	十	万	千	百	十	元	角	分	张
合　计														

　　会计　　　　　出纳　　　　　复核　　　　　记账　　　　　制票

表 2-5-26　　　　　　　中国建设银行特种转账贷方传票
2014 年 06 月 20 日

付 款 单 位	全　称			付 款 单 位	全　称	北京绿茵园艺有限公司													附 件
	账号或地址				账号或地址	1100101920001880066													
	开户金融企业		行　号		开户银行	工行历下支行				行　号			0632						
金 额	人民币 （大写）					金　额													
						亿	千	百	十	万	千	百	十	元	角	分			
原始凭证金额			赔偿金																
原始凭证名称			号　码		科目（借）	吸收存款——单位活期存款													
转 账 原 因					对方科目（贷）	清算资金往来													张
			银行盖章		会计　　　复核　　　记账														

　　会计　　　　　出纳　　　　　复核　　　　　记账　　　　　制票

2）托收承付。

（1）银行昨天通知济南华宇经贸公司付款的一笔托收款项，金额 300 000 元，今日济南华宇公司同意付款，银行按照规定办理款项的划转（见表 2-5-27 至表 2-5-33）。

表 2-5-27　　　　　　中国建设银行　托收凭证　　　3　　　　　（五联）
委托日期：2014 年 06 月 16 日

业务类型		委托收款　（□邮划　　□电划）			托收承付（√邮划　　□电划）												此 联 付 款 人 开 户 银 行 作 借 方 凭 证
付 款 人	全称	济南华宇经贸公司			收 款 人	全称	大连远华船运有限公司										
	账户	370016161080500003236				账户	2210812701312104 0106										
	地址	山东省	济南市县	开户银行	中国建设银行济南解放路支行		地址	辽宁省	大连市县	开户银行	建行大连白沙路支行 105222001577						
金额人民币 （大写）		人民币叁拾万元整					亿	千	百	十	万	千	百	十	元	角	分
										¥	3	0	0	0	0	0	00
款项内容		货款	托收凭据名称		托收承付		附寄单证张数				3 张						
商品发运情况		货物已通过火车发运				合同名称号码			220635								
备注：		上列款项随附有关债务证明，请予办理。															
收款人开户行收到日期 　　年　月　日					收款人预留银行印鉴		转讫章　复核：　　　经办：										

表 2-5-28　　　　　　　　中国建设银行　托收凭证　　4　　　　　　（五联）

委托日期：2014 年 06 月 16 日

业务类型		委托收款　（□邮划　□电划）				托收承付　（√□邮划　□电划）		
付款人	全称	济南华宇经贸公司			收款人	全称	大连远华船运有限公司	
	账户	37001616108050003236				账户	22108127013121040106	
	地址	山东省	济南市县	开户银行		地址	辽宁省　大连市县	开户银行　建行大连白沙路支行105222001577
				中国建设银行济南解放路支行				
金额人民币（大写）		叁拾万元整			亿千百十万千百十元角分 ¥3 0 0 0 0 0 0 0			
款项内容		货款	托收凭据名称		托收承付		附寄单证张数	3 张
商品发运情况		货物已通过火车发运				合同名称号码	220635	
备注：		上列款项随附有关债务证明，请予办理。						
收款人开户行收到日期　年　月　日					收款人预留银行印鉴		转讫章　复核：　经办：	

此联收款人开户银行给收款人作收账通知

表 2-5-29　　　　中国建设银行电划贷方补充报单（来账卡片）　1

发报行	行号		编制 年 月 日	收报行	行号		号码 302	
	行名				行名			
付款人账号或名称		收款人账号或名称	亿千百十万千百十元角分		合计金额	亿千百十万千百十元角分		
					事由：			
					附件：			
备注：		发报行			收报行	核对印鉴　　　核押 复核　　　　　记账		
		发报行联行专用章				转账日期　2014年06月20日		

此联寄收报行转账后代清算资金往来卡片账

表 2-5-30　　　　中国建设银行电划贷方补充报单（来账报告卡）　2

发报行	行号		编制 年 月 日	收报行	行号		号码 302	
	行名				行名			
付款人账号或名称		收款人账号或名称	亿千百十万千百十元角分		合计金额	亿千百十万千百十元角分		
					事由			
					附件			
发报行联行专用章								

此联寄收报行转账后代清算资金往来卡片账

表 2-5-31　　　　　中国建设银行电划贷方补充报单(往账报告卡)　3

发报行	行号		编制　年　月　日	收报行	行号		号码　302	
	行名				行名			
付款人账号或名称		收款人账号或名称	亿千百十万千百十元角分		合计金额	亿千百十万千百十元角分		此联由发报行随往账报告表寄管辖分行
					事由			
					附件			
发报行联行专用章								

表 2-5-32　　　　　中国建设银行电划贷方补充报单(往账卡片)　4

发报行	行号		编制　年　月　日	收报行	行号		号码　302	
	行名				行名			
付款人账号或名称		收款人账号或名称	亿千百十万千百十元角分		合计金额	亿千百十万千百十元角分		此联发报行留存代清算资金往来卡片账
					事由			
					附件			
备注：					收报行	编制　　　复核		

表 2-5-33　　　　　中国建设银行特种转账借方传票
　　　　　　　　　　　　　　　　　年　月　日

付款单位	全　　称			收款单位	全　　称			附件
	账号或地址				账号或地址			
	开户金融企业		行　号		开户金融企业		行　号	
金额	人民币（大写）					金额 亿千百十万千百十元角分		
原始凭证金额		赔偿金						张
原始凭证名称		号　码		科目（借）　吸收存款——活期存款				
转账原因				对方科目（贷）　清算资金往来				
				银行盖章	会计　　复核　　记账			

　　会计　　　　　出纳　　　　　复核　　　　　记账　　　　　制票

(2) 银行收到由中国建设银行股份有限公司上海市东明支行寄来的邮划报单和托收凭证第4联,系本行开户的明达化工公司的一笔货款,金额 100 000 元,银行及时转账入户(见表 2-5-34 至表 2-5-38)。

表 2-5-34　　　　中国建设银行电划贷方补充报单(来账卡片)　　1

发报行	行号	105100000235	编制2014年06月17日									收报行	行号	105451000598		号码 0046							此联寄收报行转账后代清算资金往来卡片账
	行名	中国建设银行上海市东明支行											行名	中国建设银行济南解放路支行									
	付款人账号或名称	收款人账号或名称	亿	千	百	十	万	千	百	十	元	角	分	合计金额	亿	千	百	十	万	千	百	十	元	角	分
	4300101010001880023	37001616108050003433			¥	1	0	0	0	0	0	0	0	事由: 货款				¥	1	0	0	0	0	0	0	0
														附件: 托收凭证第四联											
备注:	发报行													收报行	核对印鉴 复核			核押 记账							
		发报行联行专用章												转账日期2014年06月17日											

表 2-5-35　　　　中国建设银行电划贷方补充报单(来账报告卡)　　2

发报行	行号	105100000235	编制2014年06月17日									收报行	行号	105451000598		号码 0046							此联寄收报行转账后代清算资金往来卡片账
	行名	中国建设银行上海市东明支行											行名	中国建设银行济南解放路支行									
	付款人账号或名称	收款人账号或名称	亿	千	百	十	万	千	百	十	元	角	分	合计金额	亿	千	百	十	万	千	百	十	元	角	分
	4300101010001880023	37001616108050003433			¥	1	0	0	0	0	0	0	0	事由: 货款				¥	1	0	0	0	0	0	0	0
														附件: 托收凭证第四联											
发报行联行专用章																							

表 2-5-36　　　　　中国建设银行　托收凭证　　4　　　　（五联）

委托日期：2014 年 06 月 12 日

业务类型	委托收款 （□邮划　□电划）			托收承付 （√邮划　□电划）				
付款人	全称	上海市华利环保公司		收款人	全称	济南市明达化工公司		
	账户	37001616108050003236			账户	37001616108050003433		
	地址	上海省　市县	开户银行	中国建设银行上海市东明支行	地址	山东省　济南市县	开户银行	中国建设银行济南解放路支行
金额人民币（大写）	壹拾万元整				亿千百十万千百十元角分　¥ 1 0 0 0 0 0 0 0			
款项内容	货款	托收凭据名称	托收承付	附寄单证张数	3 张			
商品发运情况	货物已通过火车发运			合同名称号码	Ⅷ 00623			
备注：收款人开户行收到日期　2014年 06 月 20 日	上列款项随附有关债务证明，请予办理。		收款人预留银行印鉴	转讫章　复核：　经办				

此联收款人开户银行给收款人作收账通知

表 2-5-37　　　　　中国建设银行　托收凭证　　2　　　　（五联）

委托日期：　年　月　日

业务类型	委托收款 （□邮划　□电划）			托收承付 （□邮划　□电划）				
付款人	全称	上海市华利环保股份有限公司		收款人	全称	济南市明达化工公司		
	账户	37001616108050003236			账户	37001616108050003433		
	地址	上海省　市县	开户银行	中国建设银行上海市东明支行	地址	山东省　济南市县	开户银行	中国建设银行济南解放路支行
金额人民币（大写）	壹拾万元整				亿千百十万千百十元角分　¥ 1 0 0 0 0 0 0 0			
款项内容	货款	托收凭据名称	托收承付	附寄单证张数	3 张			
商品发运情况	货物已通过火车发运			合同名称号码	Ⅷ 00623			
备注：收款人开户行收到日期　年 月 日	上列款项随附有关债务证明，请予办理。		收款人预留银行印鉴	转讫章　复核：　经办				

此联收款人开户银行作贷方凭证

表 2-5-38　　　中国建设银行特种转账贷方传票

年　月　日

收款单位	全　称		付款单位	全　称	
	账号或地址			账号或地址	
	开户金融企业	行　号		开户银行	行　号
金额	人民币（大写）		金　额　亿千百十万千百十元角分		
原始凭证金额		赔偿金	科目（贷）_____		
原始凭证名称		号　码			
转账原因			对方科目（借）_____		
		银行盖章	会计　　复核　　记账		

附件　　张

会计　　　　　　出纳　　　　　　复核　　　　　　记账　　　　　　制票

3) 委托收款。

银行收到由中国建设银行广州南路支行寄来的邮划贷方报单及托收凭证第 4 联,系本行开户单位环宇电力公司的一笔销货款,金额 280 000 元,银行审核无误办理转账入户(见表 2-5-39 至表 2-5-42)。

表 2-5-39　　中国建设银行电划贷方补充报单(来账卡片)　1

发报行	行号	105581011104		编制2014年06月17日							收报行	行号	105451000598			号码 0012						
	行名	中国建设银行广州解放南路支行										行名	中国建设银行济南解放路支行									
	付款人账号或名称		收款人账号或名称		亿	千	百	十	万	千	百	十	元	角	分	合计金额	亿	千	百	十	万	千	百	十	元	角	分
	24001021300001880046		37001616108050002206			¥	2	8	0	0	0	0	0	0	0					¥	2	8	0	0	0	0	0	0
																事由: 货款											
																附件: 托收凭证第四联											
备注:	发报行 发报行联行专用章										收报行	核对印鉴　　核押 复核　　　　记账 转账日期 2014年06月17日										

此联寄收报行转账后代清算资金往来卡片账

表 2-5-40　　中国建设银行电划贷方补充报单(来账报告卡)　2

发报行	行号	105581011104		编制2014年06月17日							收报行	行号	105451000598			号码 00412						
	行名	中国建设银行广州解放南路支行										行名	中国建设银行济南解放路支行									
	付款人账号或名称		收款人账号或名称		亿	千	百	十	万	千	百	十	元	角	分	合计金额	亿	千	百	十	万	千	百	十	元	角	分
	24001021300001880046		37001616108050002206			¥	2	8	0	0	0	0	0	0	0					¥	2	8	0	0	0	0	0	0
																事由: 货款											
																附件: 托收凭证第四联											
发报行联行专用章																						

此联寄收报行转账后代清算资金往来卡片账

表 2-5-41　　　　　　　中国建设银行　托收凭证　　4　　　　　　（五联）

委托日期：2014 年 06 月 12 日

业务类型	委托收款	（√□邮划　　□电划）	托收承付	（□邮划　　□电划）	
付款人	全称	广东亚泰药业有限公司	收款人	全称	济南市环宇电力公司
	账户	2400102130001880046		账户	37001616108050002206
	地址	广东省　广州市县　开户银行　中国建设银行广州解放南路支行		地址	山东省　济南市县　开户银行　中国建设银行济南解放路支行
金额人民币（大写）	壹拾万元整		亿千百十万千百十元角分　¥ 1 0 0 0 0 0 0 0		
款项内容	货款	托收凭据名称	托收承付	附寄单证张数	3 张
商品发运情况	货物已通过火车发运		合同名称号码	Ⅷ 00201	
备注：	上列款项随附有关债务证明，请予办理。				
收款人开户行收到日期　2014年 06月 20日		收款人预留银行印鉴	转讫章　复核：　　　经办		

此联收款人开户银行给收款人作收账通知

表 2-5-42　　　　　　　中国建设银行　托收凭证　　2　　　　　　（五联）

委托日期：2014 年 06 月 12 日

业务类型	委托收款	（√□邮划　　□电划）	托收承付	（□邮划　　□电划）	
付款人	全称	广东亚泰药业有限公司	收款人	全称	济南市环宇电力公司
	账户	2400102130001880046		账户	37001616108050002206
	地址	广东省　广州市县　开户银行　中国建设银行广州解放南路支行		地址	山东省　济南市县　开户银行　中国建设银行济南解放路支行
金额人民币（大写）	壹拾万元整		亿千百十万千百十元角分　¥ 1 0 0 0 0 0 0 0		
款项内容	货款	托收凭据名称	托收承付	附寄单证张数	3 张
商品发运情况	货物已通过火车发运		合同名称号码	Ⅷ 00201	
备注：	上列款项随附有关债务证明，请予办理。				
收款人开户行收到日期　2014年 06月 20日		收款人预留银行印鉴	转讫章　复核：　　　经办		

此联收款人开户银行作贷方凭证

4）银行卡。

开户单位常青生态园大酒店持进账单共计金额 4 080 元和两份客户消费签单来银行办理转账，签单中一份是大明旅行社刷卡消费金额 3 600 元，一份是王涛刷卡消费金额 480 元，都在本行开户，银行审核无误办理转账（表 2-5-43 至表 2-5-47）。

表 2-5-43　　　　　　　中国建设银行进账单(回单)　　1

2014 年 06 月 20 日

出票人	全称		收款人	全称	常青生态园大酒店
	账号			账号	37001616108050005632
	开户银行			开户银行	
金额	人民币（大写）	肆仟零捌拾元整		亿千百十万千百十元角分　¥ 4 0 8 0 0 0	
票据种类		票据张数	2		
票据号码					
复核		记账		开户银行签章	

此联由收款人开户银行交给收款人的回单

表 2-5-44

中国建设银行进账单（收账通知）3

2014 年 06 月 20 日

出票人	全称	
	账号	
	开户银行	
金额	人民币（大写）	位 数
收款人	全称	
	账号	
	开户银行	
票据号码		
收款人开户行签章		
复核　　记账		

中国建设银行进账单 （贷方凭证） 2

2014 年 06 月 20 日

出票人	全称		收款人	全称	
	账号			账号	
	开户银行			开户银行	
金额	人民币（大写）			亿千百十万千百十元角分	
票据种类		票据张数			
票据号码					
备注			复核　　　记账		

此联由收款人开户银行做贷方凭证

表 2-5-45　　银联 pos 签购单
VER 311108
济南市常青生态园大酒店
特约消费单位

商户号:814370954119377

终端机号:91652134

操作员:002

发卡行:建设银行

收单行:14144630

卡号 CARD NO：
6224500122400067477

交易:消费(SALE)

有效期:2019/10

交易号:000001

凭证号:000003

授权码:041446

交易参考号:1819331494325

日期/时间
2014/06/16　20:19:20

金额：RMB 480.00

备注/REFERENCE

持卡人签名　　王涛

表 2-5-46　　银联 pos 签购单
VER 311108
济南市常青生态园大酒店
特约消费单位

商户号:814370954119377

终端机号:91652134

操作员:001

发卡行:建设银行

收单行:14144630

卡号 CARD NO：
5324503524616686

交易:消费(SALE)

有效期:2017/11

交易号:000001

凭证号:000180

授权码:041446

交易参考号:1819331491410

日期/时间
2014/06/14　21:14:13

金额：RMB 3600.00

备注/REFERENCE

持卡人签名　　常勇

表 2-5-47　　　　　　　　　　中国建设银行特种转账借方传票

2014 年 06 月 20 日

付款单位	全　　称				收款单位	全　　称				附件
	账号或地址					账号或地址				
	开户银行		行　号			开户银行		行　号		
金额	人民币（大写）				金　额 亿 千 百 十 万 千 百 十 元 角 分					
原始凭证金额		赔偿金		科目（借）吸收存款——活期存款——大明旅社 对方科目（贷）吸收存款——活期存款——常青生态园						张
原始凭证名称		号　码								
转账原因										
				银行盖章	会计　　　　复核　　　　记账					

会计　　　　出纳　　　　复核　　　　记账　　　　制票

2. 实训要求

按照实训一中"7）实训方法"的规定和步骤填写会计凭证和登记实训一中对应的分户账。

实训六　系统内往来业务

1）济南市万通机械设备公司交来银行汇票第二、第三联及三联进账单，票面金额120 000元，与实际结算金额相同，付款人为江苏徐州永利煤机公司，银行审核无误代理付款（见表2-6-1至表2-6-9）。

表 2-6-1

付款期限 壹个月		中国建设银行 银行汇票	2	江苏 号码：VIII 3326023	此联代理付款行付款后作联行往账借方凭证附件
出票日期（大写）	贰零壹肆年零陆月壹拾贰日	代理付行：济南建设银行解放路支行		行号：105451000598	
收款人：济南万通机械设备公司		账号：3700161608050001266			
出票金额	人民币（大写）壹拾贰万元整		RMB120 000.00	千百十万千百十元角分 ¥ 1 2 0 0 0 0 0 0	
实际结算金额	人民币（大写）壹拾贰万元整			千百十万千百十元角分 ¥ 1 2 0 0 0 0 0 0	
申请人：徐州永利煤机公司		账号：2300121208050000132			
出票行：建行徐州永安支行　行号：105303000164		密押 362262			
备注： 凭票付款 出票行签章		多余金额 千百十万千百十元角分		复核　记账	

表 2-6-2

付款期限 壹个月		中国建设银行 银行汇票	3	江苏 号码：VIII 3326023	此联代理付款行付款后随报单寄签发行，由签发行作多余款贷方凭证
出票日期（大写）	贰零壹肆年零陆月壹拾贰日	代理付行：济南建设银行解放路支行		行号：105451000598	
收款人：济南万通机械设备公司		账号：3700161608050001266			
出票金额	人民币（大写）壹拾贰万元整		RMB120 000.00	千百十万千百十元角分 ¥ 1 2 0 0 0 0 0 0	
实际结算金额	人民币（大写）壹拾贰万元整			千百十万千百十元角分 ¥ 1 2 0 0 0 0 0 0	
申请人：徐州永利煤机公司		账号：2300121208050000132			
出票行：建行徐州永安支行　行号：105303000164		密押 362262			
备注： 凭票付款 出票行签章		多余金额 千百十万千百十元角分		复核　记账	

表 2-6-3　　　　　　　　　中国建设银行进账单(回单)　1

2014 年 06 月 20 日

出票人	全称		收款人	全称											此联由收款人开户银行交给收款人的回单
	账号			账号											
	开户银行			开户银行											
金额	人民币（大写）				亿	千	百	十	万	千	百	十	元	角	分
票据种类		票据张数													
票据号码															
复核　　　　　　　　　记账　　　　　　　　　　　　　　　开户银行签章															

表 2-6-4

中国建设银行进账单（收账通知）3　　　　　中国建设银行进账单　（贷方凭证）　2

2014 年 6 月 20 日　　　　　　　　　　　　　　2014 年 06 月 20 日

出票人	全称		
	账号		
	开户银行		
金额	人民币（大写）	位　数	
收款人	全称		
	账号		
	开户银行		
票据号码			
收款人开户行签章			
复核　　　　记账			

出票人	全称		收款人	全称											此联由收款人开户银行做贷方凭证
	账号			账号											
	开户银行			开户银行											
金额	人民币（大写）				亿	千	百	十	万	千	百	十	元	角	分
票据种类		票据张数													
票据号码															
备注			复核　　　　　　记账												

表 2-6-5　　　　　　　　　中国建设银行转账借方传票

2014 年 06 月 20 日

科　目（借）清算资金往来		对方科目(贷)	吸收存款——活期存款									附件
户名或账号	摘　　要		金　额									
			亿	千	百	十	万	千	百	十	元	角	分
合　　计												张
会计　　　　出纳　　　　　复核　　　　　记账　　　　　制票												

表 2-6-6　　　　　中国建设银行邮划借方报单（来账卡片）　　1

发报行	行号		编制 年 月 日	收报行	行号		号码										此联寄收报行转账后代清算资金往来卡片账
	行名				行名												
付款人账号或名称		收款人账号或名称	亿 千 百 十 万 千 百 十 元 角 分			合计金额	亿 千 百 十 万 千 百 十 元 角 分										
						事由											
						附件											
备注：		发报行	发报行联行专用章		收报行	核对印鉴　　　核押 复核　　　　　记账 转账日期　　　年 月 日											

表 2-6-7　　　　　中国建设银行邮划借方报单（来账报告卡）　　2

发报行	行号		编制 年 月 日	收报行	行号		号码										此联由收报行随来账报告表寄管辖分行
	行名				行名												
付款人账号或名称		收款人账号或名称	亿 千 百 十 万 千 百 十 元 角 分			合计金额	亿 千 百 十 万 千 百 十 元 角 分										
						事由											
						附件											
发报行联行专用章																	

表 2-6-8　　　　　中国建设银行邮划借方报单（往账报告卡）　　3

发报行	行号		编制 年 月 日	收报行	行号		号码										此联由发报行随往账报告表寄管辖分行
	行名				行名												
付款人账号或名称		收款人账号或名称	亿 千 百 十 万 千 百 十 元 角 分			合计金额	亿 千 百 十 万 千 百 十 元 角 分										
						事由											
						附件											
发报行联行专用章																	

表 2-6-9　　　　　中国建设银行邮划借方报单（往账卡片）　　4

发报行	行号		编制　年　月　日										收报行	行号		号码									
	行名													行名											
付款人账号或名称		收款人账号或名称		亿	千	百	十	万	千	百	十	元	角	分	合计金额	亿	千	百	十	万	千	百	十	元	角	分
															事由											
															附件											
备注：															收报行 编制　　复核											

（此联发报行留存代清算资金往来卡片账）

2）银行收到由建行南京清凉门支行寄来的邮划贷方报单第 1、第 2 联和信汇凭证第 3、第 4 联，汇款金额 180 000 元，系本行开户单位华宇经贸公司的销货款，银行审核无误以后办理转账（见表 2-6-10 至表 2-6-14）。

表 2-6-10　　　　　中国建设银行邮划贷方报单（来账卡片）　　1

发报行	行号	105301001303	编制2014年06月18日									收报行	行号	105451000598	号码								
	行名	中国建设银行南京清凉门支行											行名	中国建设银行济南解放路支行									
付款人账号或名称		收款人账号或名称	亿	千	百	十	万	千	百	十	元	角	分	合计金额	亿	千	百	十	万	千	百	十 元 角 分
32001011000300032446		37001616108050001266		¥	1	8	0	0	0	0	0	0	0	事由：货款			¥	1	8	0	0	0 0 0 0
														附件：信汇凭证3、4联								
备注：	发报行 发报行联行专用章												收报行	核对印鉴　　核押 复核　　　　记账 转账日期2014年06月20日								

（此联寄收报行转账后代清算资金往来卡片账）

表 2-6-11　　　　　中国建设银行邮划贷方报单（来账报告卡）　　2

发报行	行号	105301001303	编制2014年06月18日									收报行	行号	105451000598	号码								
	行名	中国建设银行南京清凉门支行											行名	中国建设银行济南解放路支行									
付款人账号或名称		收款人账号或名称	亿	千	百	十	万	千	百	十	元	角	分	合计金额	亿	千	百	十	万	千	百	十 元 角 分
32001011000300032446		37001616108050001266		¥	1	8	0	0	0	0	0	0	0	事由：货款			¥	1	8	0	0	0 0 0 0
														附件：信汇凭证3、4联								
备注：	发报行 发报行联行专用章												收报行	核对印鉴　　核押 复核　　　　记账 转账日期2014年06月20日								

（此联寄收报行转账后代清算资金往来卡片账）

表 2-6-12　　　　　　中国建设银行　信汇凭证（贷方凭证）　3

委托日期 2014 年 06 月 18 日　　　第 11 号

汇款人	全 称	南京宏运贸易有限公司	收款人	全 称	华宇经贸公司
	账 户	11001019200019800032		账 户	37001616108050001266
	汇出地点	江苏 省 南京 市/县		汇入地点	山东 省 济南 市/县
	汇出行名称	中国建设银行南京清凉门支行		汇入行名称	中国建设银行济南解放路支行

金额　人民币（大写）　壹拾捌万元整　　　　　　　亿千百十万千百十元角分
　　　　　　　　　　　　　　　　　　　　　　　　¥　　　1 8 0 0 0 0 0 0

支票密码

附加信息及用途：货款

汇出行签章　　　　　　　　　　　　复核　　记账

（此联汇入行作贷方凭证）

表 2-6-13　　　　　　中国建设银行　信汇凭证（收账通知）　4

委托日期 2014 年 06 月 18 日　　　第 11 号

汇款人	全 称	南京宏运贸易有限公司	收款人	全 称	华宇经贸公司
	账 户	11001019200019800032		账 户	37001616108050001266
	汇出地点	江苏 省 南京 市/县		汇入地点	山东 省 济南 市/县
	汇出行名称	中国建设银行南京清凉门支行		汇入行名称	中国建设银行济南解放路支行

金额　人民币（大写）　壹拾捌万元整　　　　　　　亿千百十万千百十元角分
　　　　　　　　　　　　　　　　　　　　　　　　¥　　　1 8 0 0 0 0 0 0

支票密码

附加信息及用途：货款

汇出行签章　　　　　　　　　　　　复核　　记账

（此联汇入行作收账通知）

表 2-6-14　　　　　　中国建设银行转账借方传票

年　　月　　日

科目（借）清算资金往来		对方科目（贷）	吸收存款——活期存款									
户名或账号	摘　要		金　额									
			亿	千	百	十	万	千	百	十	元	角	分
合　计													

会计　　　出纳　　　复核　　　记账　　　制票

附件　　张

实训七 跨系统往来业务

1) 银行交换提入进账单,系本行开户单位灵玉雕刻厂的一笔货款,金额 36 000 元,无退款,审核无误办理入账(见表 2-7-1 和表 2-7-2)。

表 2-7-1

中国建设银行进账单 (收账通知) 3

2014 年 06 月 20 日

出票人	全称	鹏远工艺品店
	账号	370018171090 4003021
	开户银行	工行历下支行
金额	人民币(大写)	位 数
		叁万陆仟元整
收款人	全称	灵玉雕刻厂
	账号	37001616108 05001136
	开户银行	建行解放路支行
票据号码		Ⅷ3701231
收款人开户行签章		
复核	记账	

中国建设银行进账单 (贷方凭证) 2

2014 年 06 月 20 日

出票人	全 称	济南鹏远工艺品店	收款人	全 称	灵玉雕刻厂
	账 号	370018171090 4003021		账 号	37001616108 0501136
	开户银行	工行历下支行		开户银行	建行解放路支行
金额	人民币(大写)	叁万陆仟元整	亿千百十万千百十元角分		¥ 3 6 0 0 0 0 0
票据种类		转至	票据张数	1	
票据号码		Ⅷ3701231			
备注			复核	记账	

表 2-7-2

中国建设银行转账借方传票

年　月　日

科　目 (借) 其他应付款		对方科目(贷)	吸收存款——活期存款 ——大众户	附件
			金　额	
户名或账号	摘　要		亿千百十万千百十元角分	
				张
合　计				
会计　　　出纳　　　复核　　　记账　　　制票				

2) 华通房地产公司提交工行不定额银行本票一张,金额 3 000 000 元,要求办理转账,银行审核无误以后代理付款,并提出交换(见表 2-7-3 至表 2-7-6)。

表 2-7-3

中国工商银行本票　2 山东济南　号码：Ⅷ 0165648

付款期限 壹个月

出票日期(大写) 贰零壹肆年零陆月零壹拾日

收款人	华通房地产公司	申请人	济南市华联商厦
凭票即付 人民币（大写）	叁佰万元整		RMB3 000 000.00
转账　现金			
备注			

银行签章　出纳　复核　经办

此联出票行结算本票时作借方凭证

表 2-7-4　　中国建设银行特种转账贷方传票

年　月　日

收款单位	全称		付款单位	全称	济南华联商厦	
	账号或地址			账号或地址	3700181710904000214	
	开户金融企业	行号		开户银行	工行历下支行　行号	102475300709
金额	人民币（大写）			金额　亿千百十万千百十元角分		
原始凭证金额		赔偿金	科目（贷）吸收存款			
原始凭证名称		号码	对方科目（借）清算资金往来			
转账原因						

银行盖章　会计　复核　记账

会计　出纳　复核　记账　制票

附件　　张

表 2-7-5　　中国建设银行特种转账贷方传票

年　月　日

收款单位	全称		付款单位	全称	济南华联商厦	
	账号或地址			账号或地址	3700181710904000214	
	开户金融企业	行号		开户银行	工行历下支行　行号	102475300709
金额	人民币（大写）			金额　亿千百十万千百十元角分		
原始凭证金额		赔偿金	科目（贷）吸收存款			
原始凭证名称		号码	对方科目（借）清算资金往来			
转账原因						

银行盖章　会计　复核　记账

会计　出纳　复核　记账　制票

附件　　张

表 2-7-6　　　　　　　　中国建设银行转账借方传票
　　　　　　　　　　　　　　年　月　日

科　目 （借）清算资金往来		对方 科目（贷）	吸收存款——活期存款										附件
户名或账号	摘　　要		金　额										
			亿	千	百	十	万	千	百	十	元	角	分
													张
合　计													

实训八 中间业务

1) 银行依据协议向环宇电力公司收取保管箱手续费,金额 3 200 元(见表 2-8-1 至表 2-8-3)。

表 2-8-1　　　　　　　　　　中国建设银行
业 务 收 费 凭 证

币别　人民币　　　　　　2014 年 06 月 20 日　　　　　　　流水号 000032

付款人			账号		
项目名称	工本费	手续费	电子汇划费		金额
保管箱		￥3 200.00			￥3 200.00
金额(大写)叁仟贰佰元整					￥3 200.00
付款方式	转账				
业务类型:对公收费					

表 2-8-2　　　　　　　中国建设银行特种转账借方传票
2014 年 06 月 20 日

付款单位	全　称			收款单位	全　称			附件
	账号或地址				账号或地址			
	开户银行		行号		开户银行		行号	
金额	人民币(大写)			金　额 亿千百十万千百十元角分				
原始凭证金额		赔偿金		科目(借) 吸收存款——活期存款				张
原始凭证名称		号　码		对方科目(贷) 手续费及佣金收入				
转账原因								
			银行盖章	会计　　复核　　记账				

会计　　　出纳　　　复核　　　记账　　　制票

表 2-8-3　　　　　　　中国建设银行特种转账借方传票

2014 年 06 月 20 日

付款单位	全称				收款单位	全称			附件
	账号或地址					账号或地址			
	开户银行		行号			开户银行		行号	
金额	人民币（大写）					金额 亿千百十万千百十元角分			
	原始凭证金额		赔偿金			科目（借）<u>吸收存款——活期存款</u>			张
	原始凭证名称		号码			对方科目（贷）<u>手续费及佣金收入</u>			
转账原因					银行盖章	会计　　　复核　　　记账			
	会计　　　　　出纳　　　　　复核　　　　　记账　　　　　制票								

2）明达化工公司提交转账支票一张，金额 160 000 元，缴纳保函业务保证金（见表 2-8-4 至表 2-8-7）。

表 2-8-4

中国建设银行　　转账支票　（鲁）　　　支票号码：VIII000241

出票日期（大写）　　贰零壹肆年零陆月零贰拾日　　付款行名称：建行解放路支行

收款人：明达化工公司　　　　　　　　　　　　　　出票人账户：37001616108050003433

人民币（大写）	壹拾陆万元整	亿千百十万千百十元角分
		￥ 1 6 0 0 0 0 0 0

用途 <u>支付保证金</u>　　　　　　　　025445820216

上列款项请从
我账户内支付
出票人签章　　　　　　　复核　　　　　　　记账

表 2-8-5　　　　　　　中国建设银行特种转账借方传票

2014 年 06 月 20 日

付款单位	全称				收款单位	全称			附件
	账号或地址					账号或地址			
	开户银行		行号			开户银行		行号	
金额	人民币（大写）					金额 亿千百十万千百十元角分			
	原始凭证金额		赔偿金			科目（借）<u>吸收存款——活期存款</u>			张
	原始凭证名称		号码			对方科目（贷）<u>存入保证金</u>			
转账原因					银行盖章	会计　　　复核　　　记账			
	会计　　　　　出纳　　　　　复核　　　　　记账　　　　　制票								

表 2-8-6　　　　　　　　　中国建设银行特种转账借方传票

2014 年 06 月 20 日

付款单位	全　称			收款单位	全　称			附件
	账号或地址				账号或地址			
	开户银行		行号		开户银行		行号	
金额	人民币 （大写）				金额　亿 千 百 十 万 千 百 十 元 角 分			
原始凭证金额		赔偿金		科目（借）吸收存款——活期存款				张
原始凭证名称		号　码						
转账原因			银行盖章	对方科目（贷）存入保证金				
				会计　　　复核　　　记账				

　　会计　　　　出纳　　　　复核　　　　记账　　　　制票

表 2-8-7　　　　　　　　　中国建设银行转账贷方传票

年　月　日

科目 （贷）			对方科目（贷）		附件
户名或账号		摘　要	金额 亿 千 百 十 万 千 百 十 元 角 分		
					张
	合　计				

　　会计　　　　出纳　　　　复核　　　　记账　　　　制票

二、日 终 业 务

日终业务是银行每天营业终了以后的轧账及账务处理过程，根据日常（日间）发生的业务做好日终的处理工作。

（一）实训要求

（1）填制计息余额表和一般余额表。

（2）填制科目日结单。

（3）登记总账。

（4）填制日计表。

(二) 实训资料

中国建设银行济南市解放路支行2014年6月20日发生如下经济业务。

(1) 华宇经贸有限公司签发现金支票一张,向建行解放路支行提取备用金100 000元。

(2) 济南市利明容器厂将销货收入现金125 000元缴存开户行建行解放路支行。

(3) 济南市飞翔技校收到一张转账支票,金额56 000元,系本行开户单位常青生态园大酒店支付的培训费用,飞翔技校填写进账单提交开户行转账入户。

(4) 华通房地产股份有限公司开出转账支票一张金额500 000元,同时填写一式三联进账单提交开户行支付济南华韵建筑设计院设计费。

(5) 济南市解放路支行从工行交换提入进账单一份,金额7 800 000元系本行开户单位华通房地产股份有限公司的售房款,银行审核无误后入账并通知该公司。

(6) 明达化工公司向开户行建行解放路支行存入1年期定期存款,金额10 000 000元,年利率3.25%。

(7) 环宇电力公司1年期定期存款到期,原本金850 000元,年利率3.25%,公司持开户证实书第2联到开户银行建行解放路支行办理转账。

(8) 银行为佳佳乐超市活期账户计息,当季累计计息积数为20 860 000.00,当日挂牌利率为0.35%。

(9) 储户王军现金续存个人活期存款35 000元。

(10) 储户郝利东从其个人活期账户中取款10 000元。

(11) 储户李明芳去银行办理提前支取,原存单开户日为2014年3月2日,本金240 000元,存期1年,利率3.25%,储户提前支取100 000元,挂牌活期利率0.35%。

(12) 储户刘明丽跨行转账汇款50 000元。

(13) 济南市华宇经贸有限公司归还前借已到期流动资金贷款2 500 000元,期限3个月,利率5.6%,利随本清。

(14) 会计部门收到信贷部门转来利明容器厂流动资金借款借据500 000元,期限5个月,利率5.6%,予以转账。

(15) 银行根据协议主动扣收万通机械设备有限公司到期抵押借款,期限1年,金额5 000 000元,利率6%。原抵押房产评估价9 000 000元。

(16) 灵玉雕刻厂逾期贷款处理:①银行主动收回灵玉雕刻厂逾期贷款罚息2 250元;②将逾期贷款本金300 000元转入非应计贷款。

(17) 环宇电力公司一笔抵押贷款到期未还,本金6 000 000元,应收利息250 000元。银行将其转入逾期贷款。

(18) 银行收到华通房地产股份有限公司提交的一张银行承兑汇票,金额3 000 000元,期限3个月,出票日2014年6月10日,到期日2014年9月10日,贴现率4.5‰,申请办理贴现,银行审核无误后办理贴现手续。

(19) 银行收到由异地他行退回的托收凭证,系明达化工公司原已贴现的商业承兑汇票,票面金额250 000元,银行按照贴现规定从该公司扣回贴现票据款。

(20) 储户张君持现金支票到银行办理现金支取业务,金额30 000元,银行审核无误后支付现金。

（21）大明旅行社持转账支票和进账单金额 450 000 元，去银行办理入账业务。

（22）银行交换提入本行开户的济南大众 4S 店收款的进账单，金额 3 560 000 元无退款，办理入账。

（23）银行交换提入一转账支票，金额 5 000 000 元，系本行开户的利明容器厂前期开出的付款票据，银行审核无误办理转账。

（24）明达化工公司向开户银行申请签发不定额银行本票，金额 365 000 元，银行办理转账并出票。

（25）万通机械设备有限公司提交本票和进账单，金额 540 000 元，申请人系本行开户的华通房地产股份有限公司，要求办理账户转入。

（26）银行交换提入本票一张，金额 560 000 元，系本行开户的华宇经贸有限公司于 5 月 28 日申请的不定额银行本票。

（27）本行开户的济南大众 4S 店提交进账单和他行出票的不定额银行本票一张，金额 360 000 元，审核无误代理付款并提出交换。

（28）济南市利明容器厂申请签发银行汇票一张，金额 800 000 元，银行同意申请，按规定出票。济南市大明旅行社交来银行汇票第 2、第 3 联及三联进账单，票面金额 70 000 元，实际结算金额 65 000 元，付款人为河北晶玉旅游用品公司，银行审核无误代理付款。

（29）银行收到联行中国建设银行北京市前门支行寄来的邮划借方报单及银行汇票解讫通知，实际结算金额为 360 000 元，经审核，票据为 2014 年 6 月 1 日由本行开户的万通机械设备有限公司申请的面额为 380 000 元的银行汇票，办理转账。

（30）银行收到建行太原迎泽路支行寄来的邮划贷方报单第 1、第 2 联，托收凭证第 4 联，系本行开户的华韵建筑设计院 6 月 14 日委托收取的汇票款，金额 320 000 元，按规定办理转账。

（31）银行今天收到昨天通知常青园生态大酒店付款的一张商业承兑汇票款，金额 300 000 元，银行按规定办理汇款。

（32）本行开户单位环宇电力公司持银行承兑汇票办理承兑，经银行有关部门审核后同意承兑，按要求填写承兑协议并向其按票面金额的 5‰ 收取手续费，票据金额为 580 000 元。

（33）本行开户单位飞翔技校的一张银行承兑汇票到期，汇票金额 260 000 元，银行按协议收取票款。

（34）银行收到本行开户单位飞翔技校交来信汇凭证一份，金额 160 000 元，要求汇往建行开户的浙江嵊州鹏远仪器设备厂，银行审核以后转账付款。

（35）银行收到由北京通州区建行惠民路支行寄来的邮划贷方报单第 1、第 2 联和信汇凭证第 3、第 4 联，汇款金额 320 000 元，系本行开户单位万通机械设备公司的销货款，银行审核无误以后办理转账。

（36）本行开户单位利明容器厂委托银行办理电汇款，金额 50 000 元。

（37）银行收到建行北京海淀区宝盛路支行发来的电划报单，金额为 48 000 元，收款人为本行开户的济南华韵建筑设计院，审核无误，办理转账。

（38）银行昨天通知济南华宇经贸公司付款的一笔托收款项，金额 300 000 元，今日济南华宇公司同意付款，银行按照规定办理款项的划转。

（39）银行收到由中国建设银行股份有限公司上海市东明支行寄来的邮划报单和托收凭证第 4 联，系本行开户的明达化工公司的一笔货款，金额 100 000 元，银行及时转账入户。

(40) 银行收到由中国建设银行广州南路支行寄来的邮划贷方报单及托收凭证第 4 联,系本行开户单位环宇电力公司的一笔销货款,金额 280 000 元,银行审核无误办理转账入户。

(41) 开户单位常青生态园大酒店持进账单共计金额 4 080 元和两份客户消费签单来银行办理转账,签单中一份是大明旅行社刷卡消费金额 3 600 元,一份是王涛刷卡消费金额 480 元,都在本行开户,银行审核无误办理转账。

(42) 济南市万通机械设备公司交来银行汇票第 2、第 3 联及三联进账单,票面金额 120 000 元,与实际结算金额相同,付款人为江苏徐州永利煤机公司,银行审核无误代理付款。

(43) 银行收到由建行南京清凉门支行寄来的邮划贷方报单第 1、第 2 联和信汇凭证第 3、第 4 联,汇款金额 180 000 元,系本行开户单位华宇经贸公司的销货款,银行审核无误以后办理转账。

(44) 银行交换提入进账单,系本行开户单位灵玉雕刻厂的一笔货款,金额 36 000 元,无退款,审核无误办理入账。

(45) 华通房地产公司提交工行不定额银行本票一张,金额 3 000 000 元,要求办理转账,银行审核无误以后代理付款,并提出交换。

(46) 银行依据协议向环宇电力公司收取保管箱手续费,金额 3 200 元。

(47) 明达化工公司提交转账支票一张,金额 160 000 元,缴纳保函业务保证金。

(三) 实训账表

1) 计息余额表。其格式见表 2-9-1 至表 2-9-5。

表 2-9-1　　　　　中国建设银行(济南解放路支行)计息余额表

科目名称　吸收存款——活期存款　　　　2014 年 06 月　　　　　　共　页
科目代号　2011　　　　　　　　　　　　　　　　　　　　　　　　第　页

日期	利率 户名账户 余额	% 华宇经贸公司	% 利明容器厂	% 环宇电力公司	复核 盖章
上月底止累计应计息积数		32 000 000.00	8 420 000.00	301 020 423.01	
1 … 10 天小计 11 … 20 20 天小计 21 … …					
本月合计 (本月计息积数)					
应加积数					
应减积数					
本期累计应计息积数					
合计					

会计　　　　　　　　　复核　　　　　　　　　记账

表 2-9-2　　　　　　　中国建设银行(济南解放路支行)计息余额表

科目名称　吸收存款——活期存款　　　　2014 年 06 月　　　　　　　　　　　共　页
科目代号　2011　　　　　　　　　　　　　　　　　　　　　　　　　　　　　第　页

日期	利率／户名账户／余额	% 万通机械设备公司	% 灵玉雕刻厂	% 明达化工厂	复核盖章
上月底止累计应计息积数		20 140 230.46	1 200 021.33	64 520 032.22	
1 ... 10 天小计 11 ... 20 20 天小计 21 ...					
本月合计（本月计息积数）					
应加积数					
应减积数					
本期累计应计息积数					
合计					

会计　　　　　　　　　　　复核　　　　　　　　　　　记账

表 2-9-3　　　　　　　中国建设银行(济南解放路支行)计息余额表

科目名称　吸收存款——活期存款　　　　2014 年 06 月　　　　　　　　　　　共　页
科目代号　2011　　　　　　　　　　　　　　　　　　　　　　　　　　　　　第　页

日期	利率／户名账户／余额	% 飞翔技校	% 华通房地产公司	% 佳佳乐超市	复核盖章
上月底止累计应计息积数		10 021 002.01	801 214 013.56	35 002 200.00	
1 ... 10 天小计 11 ... 20 20 天小计 21 ...					
本月合计（本月计息积数）					
应加积数					
应减积数					
本期累计应计息积数					
合计					

会计　　　　　　　　　　　复核　　　　　　　　　　　记账

表 2-9-4　　　　　　　中国建设银行(济南解放路支行)计息余额表

科目名称　吸收存款——活期存款　　　　2014 年 06 月　　　　　　　　　　共　页
科目代号　2011　　　　　　　　　　　　　　　　　　　　　　　　　　　　第　页

日　期	利率 户名账户 余额	% 大明旅行社	% 济南大众 4S 店	% 常青生态园大酒店	复核 盖章
上月底止累计应计息积数		1 021 200.06	63 002 546.00	3 213 002.30	
1					
…					
10 天小计					
11					
…					
20					
20 天小计					
21					
…					
…					
本月合计 (本月计息积数)					
应加积数					
应减积数					
本期累计应计息积数					
合计					

会计　　　　　　　　　　　　复核　　　　　　　　　　　　记账

表 2-9-5　　　　　　　中国建设银行(解放路支行)计息余额表

科目名称　吸收存款——活期存款　　　　2014 年 06 月　　　　　　　　　　共　页
科目代号　2011　　　　　　　　　　　　　　　　　　　　　　　　　　　　第　页

日　期	利率 户名账户 余额	% 济南华韵建筑设计院	%	%	复核 盖章
上月底止累计应计息积数		4 201 520.00			
1					
…					
10 天小计					
11					
…					
20					
20 天小计					
21					
…					
…					
本月合计 (本月计息积数)					
应加积数					
应减积数					
本期累计应计息积数					
合计					

会计　　　　　　　　　　　　复核　　　　　　　　　　　　记账

2)一般余额表。其格式见表 2-9-6。

表 2-9-6　　　　　　　中国建设银行(济南解放路支行)一般余额表

2014 年 06 月 20 日　　　　　第　页　共　页

科目代号	户名	摘要	余额	科目代号	户名	摘要	余额

会计　　　　　　　　　　　　复核　　　　　　　　　　　　制表

3）科目日结单。其格式见表 2-9-7 至表 2-9-21。

表 2-9-7　　　　　中国建设银行(济南解放路支行)
科目日结单
2014 年 06 月 20 日

凭证种类	借方		贷方		附件
	传票张数	金额（位数）	传票张数	金额（位数）	
现　金					张数
转　账					
合　计					

事后监督　　　　　复核　　　　　记账　　　　　制单

表 2-9-8　　　　　中国建设银行(济南解放路支行)
科目日结单
2014 年 06 月 20 日

凭证种类	借方		贷方		附件
	传票张数	金额（位数）	传票张数	金额（位数）	
现　金					张数
转　账					
合　计					

事后监督　　　　　复核　　　　　记账　　　　　制单

表 2-9-9　　　　　中国建设银行(济南解放路支行)
科目日结单
2014 年 06 月 20 日

凭证种类	借方		贷方		附件
	传票张数	金额（位数）	传票张数	金额（位数）	
现　金					张数
转　账					
合　计					

事后监督　　　　　复核　　　　　记账　　　　　制单

表 2-9-10　　　　　　　　中国建设银行(济南解放路支行)
　　　　　　　　　　　　　　　　科目日结单
　　　　　　　　　　　　　　2014 年 06 月 20 日

凭证种类	借方		贷方	
	传票张数	金额（位数）	传票张数	金额（位数）
现　金				
转　账				
合　计				

事后监督　　　　　　复核　　　　　　记账　　　　　　制单

表 2-9-11　　　　　　　　中国建设银行(济南解放路支行)
　　　　　　　　　　　　　　　　科目日结单
　　　　　　　　　　　　　　2014 年 06 月 20 日

凭证种类	借方		贷方	
	传票张数	金额（位数）	传票张数	金额（位数）
现　金				
转　账				
合　计				

事后监督　　　　　　复核　　　　　　记账　　　　　　制单

表 2-9-12　　　　　　　　中国建设银行(济南解放路支行)
　　　　　　　　　　　　　　　　科目日结单
　　　　　　　　　　　　　　2014 年 06 月 20 日

凭证种类	借方		贷方	
	传票张数	金额（位数）	传票张数	金额（位数）
现　金				
转　账				
合　计				

事后监督　　　　　　复核　　　　　　记账　　　　　　制单

表 2-9-13　　　　　　　　中国建设银行（济南解放路支行）
科目日结单

2014 年 06 月 20 日

凭证种类	借　方		贷　方		附件张数
	传票张数	金额	传票张数	金额	
		（位数）		（位数）	
现　金					
转　账					
合　计					

事后监督　　　　　　复核　　　　　　记账　　　　　　制单

表 2-9-14　　　　　　　　中国建设银行（济南解放路支行）
科目日结单

2014 年 06 月 20 日

凭证种类	借　方		贷　方		附件张数
	传票张数	金额	传票张数	金额	
		（位数）		（位数）	
现　金					
转　账					
合　计					

事后监督　　　　　　复核　　　　　　记账　　　　　　制单

表 2-9-15　　　　　　　　中国建设银行（济南解放路支行）
科目日结单

2014 年 06 月 20 日

凭证种类	借　方		贷　方		附件张数
	传票张数	金额	传票张数	金额	
		（位数）		（位数）	
现　金					
转　账					
合　计					

事后监督　　　　　　复核　　　　　　记账　　　　　　制单

表 2-9-16　　　　　中国建设银行(济南解放路支行)
科目日结单

2014 年 06 月 20 日

凭证种类	借方		贷方		附件
	传票张数	金额（位数）	传票张数	金额（位数）	
现　金					
转　账					张数
合　计					

事后监督　　　　　　复核　　　　　　记账　　　　　　制单

表 2-9-17　　　　　中国建设银行(济南解放路支行)
科目日结单

2014 年 06 月 20 日

凭证种类	借方		贷方		附件
	传票张数	金额（位数）	传票张数	金额（位数）	
现　金					
转　账					张数
合　计					

事后监督　　　　　　复核　　　　　　记账　　　　　　制单

表 2-9-18　　　　　中国建设银行(济南解放路支行)
科目日结单

2014 年 06 月 20 日

凭证种类	借方		贷方		附件
	传票张数	金额（位数）	传票张数	金额（位数）	
现　金					
转　账					张数
合　计					

事后监督　　　　　　复核　　　　　　记账　　　　　　制单

表 2-9-19　　　　　　　　　中国建设银行(济南解放路支行)
科目日结单

2014 年 06 月 20 日

凭证种类	借方		贷方		附件
	传票张数	金额	传票张数	金额	
		(位数)		(位数)	
现　金					
					张数
转　账					
合　计					

事后监督　　　　　　　复核　　　　　　　记账　　　　　　　制单

表 2-9-20　　　　　　　　　中国建设银行(济南解放路支行)
科目日结单

2014 年 06 月 20 日

凭证种类	借方		贷方		附件
	传票张数	金额	传票张数	金额	
		(位数)		(位数)	
现　金					
					张数
转　账					
合　计					

事后监督　　　　　　　复核　　　　　　　记账　　　　　　　制单

表 2-9-21　　　　　　　　　中国建设银行(济南解放路支行)
科目日结单

2014 年 06 月 20 日

凭证种类	借方		贷方		附件
	传票张数	金额	传票张数	金额	
		(位数)		(位数)	
现　金					
					张数
转　账					
合　计					

事后监督　　　　　　　复核　　　　　　　记账　　　　　　　制单

4）总账。其格式见表2-9-22至表2-9-35。

表 2-9-22　　　　　　　　中国建设银行(济南解放路支行)
总　账

科目代号_____
科目名称_____　　　　　　　　　　　　　　　　　　　　　　第　号

年　月份	借方	贷方
	(位数)	(位数)
上年底余额		
本年累计发生额		
上月底余额		
上月底累计未计息积数		

日　期	发生额		余　额		核对盖章 复核员
	借方	贷方	借方	贷方	
	(位数)	(位数)	(位数)	(位数)	
1					
…					
10 天小计					
11					
…					
16					
17					
…					
20 天小计					
21					
…					
30					
31					
月　计					
自年初累计					
本期累计计息积数					
本月累计计息积数					

会计　　　　　　　　　　　　复核　　　　　　　　　　　　记账

表 2-9-23   　　　　　中国建设银行(济南解放路支行)
　　　　　　　　　　　　　　　总　账

科目代号_____
科目名称_____　　　　　　　　　　　　　　　　　　　　第　号

年　月份	借方	贷方
	（位数）	（位数）
上年底余额		
本年累计发生额		
上月底余额		
上月底累计未计息积数		

日　期	发生额		余　额		核对盖章
	借方	贷方	借方	贷方	复核员
	（位数）	（位数）	（位数）	（位数）	
1					
…					
10 天小计					
11					
…					
16					
17					
…					
20 天小计					
21					
…					
30					
31					
月　计					
自年初累计					
本期累计计息积数					
本月累计计息积数					

　　会计　　　　　　　　　　复核　　　　　　　　　　记账

表 2-9-24　　　　　　　　中国建设银行(济南解放路支行)
总　账

科目代号＿＿＿＿＿＿
科目名称＿＿＿＿＿＿　　　　　　　　　　　　　　　　　　第　号

年　月份	借方		贷方	
	(位数)		(位数)	
上年底余额					
本年累计发生额					
上月底余额					
上月底累计未计息积数					

日　期	发生额		余　额		核对盖章
	借方	贷方	借方	贷方	复核员
	(位数)	(位数)	(位数)	(位数)	
1					
…					
10 天小计					
11					
…					
16					
17					
…					
20 天小计					
21					
…					
30					
31					
月　计					
自年初累计					
本期累计计息积数					
本月累计计息积数					

会计　　　　　　　　　　　　复核　　　　　　　　　　　　记账

表 2-9-25　　　　　　　　中国建设银行(济南解放路支行)
总　账

科目代号_____
科目名称_____　　　　　　　　　　　　　　　　　　第　号

年　月份	借方	贷方		
	(位数)	(位数)		
上年底余额				
本年累计发生额				
上月底余额				
上月底累计未计息积数				
日　期	发生额		余　额		核对盖章
	借方	贷方	借方	贷方	复核员
	(位数)	(位数)	(位数)	(位数)	
1					
…					
10 天小计					
11					
…					
16					
17					
…					
20 天小计					
21					
…					
30					
31					
月　计					
自年初累计					
本期累计计息积数					
本月累计计息积数					

会计　　　　　　　　　　　复核　　　　　　　　　　　记账

表 2-9-26　　　　　　　中国建设银行(济南解放路支行)
　　　　　　　　　　　　　　　总　账

科目代号＿＿＿＿＿＿

科目名称＿＿＿＿＿＿　　　　　　　　　　　　　　　　　第　　号

年　　月份	借方		贷方		
	（位数）		（位数）		
上年底余额					
本年累计发生额					
上月底余额					
上月底累计未计息积数					
日　　期	发生额		余　额		核对盖章
	借方	贷方	借方	贷方	复核员
	（位数）	（位数）	（位数）	（位数）	
1					
…					
10 天小计					
11					
…					
16					
17					
…					
20 天小计					
21					
…					
30					
31					
月　计					
自年初累计					
本期累计计息积数					
本月累计计息积数					

　　会计　　　　　　　　　　　复核　　　　　　　　　　　记账

表 2-9-27　　　　　　　中国建设银行(济南解放路支行)
总　账

科目代号＿＿＿＿＿＿
科目名称＿＿＿＿＿＿　　　　　　　　　　　　　　　　　　　　第　号

年　月份	借方（位数）	贷方（位数）
上年底余额		
本年累计发生额		
上月底余额		
上月底累计未计息积数		

日　期	发生额		余　额		核对盖章 复核员
	借方（位数）	贷方（位数）	借方（位数）	贷方（位数）	
1					
…					
10 天小计					
11					
…					
16					
17					
…					
20 天小计					
21					
…					
30					
31					
月　计					
自年初累计					
本期累计计息积数					
本月累计计息积数					

会计　　　　　　　　　　复核　　　　　　　　　　记账

表 2-9-28　　　　　　　　中国建设银行(济南解放路支行)

总　账

科目代号＿＿＿＿＿＿

科目名称＿＿＿＿＿＿　　　　　　　　　　　　　　　　　　　第　号

年　月份	借方		贷方	
	(位数)		(位数)	
上年底余额				
本年累计发生额				
上月底余额				
上月底累计未计息积数				
日　期	发生额		余　额		核对盖章
	借方	贷方	借方	贷方	
	(位数)	(位数)	(位数)	(位数)	复核员
1					
…					
10 天小计					
11					
…					
16					
17					
…					
20 天小计					
21					
…					
30					
31					
月　计					
自年初累计					
本期累计计息积数					
本月累计计息积数					

会计　　　　　　　　　　　　　复核　　　　　　　　　　　　　记账

表 2-9-29　　　　　　　　中国建设银行(济南解放路支行)
总　账

科目代号_____
科目名称_____　　　　　　　　　　　　　　　　　　　　第　号

年　月份	借方	贷方
	(位数)	(位数)
上年底余额		
本年累计发生额		
上月底余额		
上月底累计未计息积数		

日　期	发生额		余　额		核对盖章
	借方	贷方	借方	贷方	复核员
	(位数)	(位数)	(位数)	(位数)	
1					
…					
10 天小计					
11					
…					
16					
17					
…					
20 天小计					
21					
…					
30					
31					
月　计					
自年初累计					
本期累计计息积数					
本月累计计息积数					

会计　　　　　　　　　　　复核　　　　　　　　　　　记账

表 2-9-30　　　　　　　　中国建设银行(济南解放路支行)
总　账

科目代号＿＿＿＿＿＿
科目名称＿＿＿＿＿＿　　　　　　　　　　　　　　　　　　　　第　号

年　月份	借方 (位数)	贷方 (位数)
上年底余额		
本年累计发生额		
上月底余额		
上月底累计未计息积数		

| 日　期 | 发生额 | | 余　额 | | 核对盖章 |
	借方 (位数)	贷方 (位数)	借方 (位数)	贷方 (位数)	复核员
1					
…					
10 天小计					
11					
…					
16					
17					
…					
20 天小计					
21					
…					
30					
31					
月　计					
自年初累计					
本期累计计息积数					
本月累计计息积数					

会计　　　　　　　　　　　复核　　　　　　　　　　　记账

表 2-9-31　　　　　　　中国建设银行(济南解放路支行)
总　账

科目代号_____
科目名称_____　　　　　　　　　　　　　　　　　　　第　号

年　月份	借方	贷方
	（位数）	（位数）
上年底余额		
本年累计发生额		
上月底余额		
上月底累计未计息积数		

| 日　期 | 发生额 | | 余　额 | | 核对盖章 |
	借方	贷方	借方	贷方	复核员
	（位数）	（位数）	（位数）	（位数）	
1					
…					
10 天小计					
11					
…					
16					
17					
…					
20 天小计					
21					
…					
30					
31					
月　计					
自年初累计					
本期累计计息积数					
本月累计计息积数					

会计　　　　　　　　复核　　　　　　　　记账

表 2-9-32　　　　　　　　　　中国建设银行(济南解放路支行)
总　账

科目代号_____
科目名称_____　　　　　　　　　　　　　　　　　　　　第　　号

年　　月份	借方		贷方	
	(位数)		(位数)	
上年底余额				
本年累计发生额				
上月底余额				
上月底累计未计息积数				

日　　期	发生额		余　额		核对盖章
	借方	贷方	借方	贷方	复核员
	(位数)	(位数)	(位数)	(位数)	
1					
…					
10 天小计					
11					
…					
16					
17					
…					
20 天小计					
21					
…					
30					
31					
月　计					
自年初累计					
本期累计计息积数					
本月累计计息积数					

会计　　　　　　　　　　　　　复核　　　　　　　　　　　　　记账

表 2-9-33　　　　　　　中国建设银行(济南解放路支行)
总　账

科目代号＿＿＿＿＿＿
科目名称＿＿＿＿＿＿　　　　　　　　　　　　　　　　　　　　第　号

年　月份	借方	贷方
	（位数）	（位数）
上年底余额		
本年累计发生额		
上月底余额		
上月底累计未计息积数		

日　期	发生额		余　额		核对盖章
	借方	贷方	借方	贷方	复核员
	（位数）	（位数）	（位数）	（位数）	
1					
…					
10 天小计					
11					
…					
16					
17					
…					
20 天小计					
21					
…					
30					
31					
月　计					
自年初累计					
本期累计计息积数					
本月累计计息积数					

会计　　　　　　　　　复核　　　　　　　　　记账

表 2-9-34　　　　　　　中国建设银行(济南解放路支行)
总　账

科目代号_____
科目名称_____　　　　　　　　　　　　　　　　　第　号

年　月份	借方 (位数)	贷方 (位数)
上年底余额		
本年累计发生额		
上月底余额		
上月底累计未计息积数		

| 日　期 | 发生额 | | 余　额 | | 核对盖章 复核员 |
	借方 (位数)	贷方 (位数)	借方 (位数)	贷方 (位数)	
1					
…					
10 天小计					
11					
…					
16					
17					
…					
20 天小计					
21					
…					
30					
31					
月　计					
自年初累计					
本期累计计息积数					
本月累计计息积数					

会计　　　　　　　　　　　　复核　　　　　　　　　　　　记账

表 2-9-35　　　　　　　　中国建设银行(济南解放路支行)
总　账

科目代号_____
科目名称_____　　　　　　　　　　　　　　　　　　第　号

年　月份	借方		贷方	
	（位数）		（位数）	
上年底余额				
本年累计发生额				
上月底余额				
上月底累计未计息积数				

日　期	发生额		余　额		核对盖章
	借方	贷方	借方	贷方	复核员
	（位数）	（位数）	（位数）	（位数）	
1					
…					
10 天小计					
11					
…					
16					
17					
…					
20 天小计					
21					
…					
30					
31					
月　计					
自年初累计					
本期累计计息积数					
本月累计计息积数					

会计　　　　　　　　　　　　复核　　　　　　　　　　　　记账

5) 日计表。其格式见表 2-9-36。

表 2-9-36　　　　　　　　中国建设银行(济南解放路支行)
日　计　表

2014 年 06 月 20 日填制　　　　　　共　页第　页

科目代号	科目名称	本日发生额		余　额		复核盖章
		借方(位数)	贷方(位数)	借方(位数)	贷方(位数)	
合计						

行长　　　　　　　会计　　　　　　　复核　　　　　　　制表

第三部分

会 计 报 表

年度会计报表是综合反映商业银行全年财务状况和经营成果的书面报告,是提供会计信息的重要手段。新会计准则对商业银行会计报表的格式、内容等都作了详细规范,银行应按照会计准则统一规定的格式编制会计报表。本实训要求编制银行资产负债表,利润表和现金流量表。

一、实 训 资 料

中国建设银行济南市解放路支行业务资料如下所述。

1. 期初余额

2014 年 12 月初建行济南解放路支行各科目和各损益余额见表 3-1 和表 3-2。

表 3-1　　　　　　　　　　　　　期初各科目余额表

单位　元

一、资产类	借方余额	二、负债类	贷方余额
库存现金	80 000 000.00	存入保证金	300 000.00
存放中央银行款项	103 000 000.00	拆入资金	20 000 000.00
存放同业	30 000 000.00	向中央银行借款	40 000 000.00
其他货币资金	2 800 000.00	吸收存款	1 018 000 000.00
交易性金融资产	11 000 000.00	——单位活期存款	840 000 000.00
买入返售金融资产	102 000 000.00	——单位定期存款	24 000 000.00
贴现资产	240 000 000.00	——个人活期存款	400 000 000.00
拆出资金	220 000 000.00	——个人定期存款	14 000 000.00
贷款	950 000 000.00	——信用卡存款	10 000 000.00
——信用贷款	100 000 000.00	同业存放	56 000 000.00
——抵押贷款	300 000 000.00	贴现负债	360 000 000.00
——逾期贷款	80 000 000.00	交易性金融负债	30 000 000.00
——非应计贷款	20 000 000.00	卖出回购金融资产款	16 000 000.00

(续表)

一、资产类	借方余额	二、负债类	贷方余额
贷款损失准备	−130 000 000.00	应付职工薪酬	300 000.00
应收利息	32 900 000.00	应交税费	500 000.00
坏账准备	−1 800 000.00	应付利息	800 000.00
持有至到期投资	100 000 000.00	其他应付款	1 000 000.00
持有至到期投资减值准备	−12 000 000.00		
可供出售金融资产	120 000 000.00		
长期股权投资	56 000 000.00		
长期股权投资减值准备	−3 000 000.00		
固定资产	160 000 000.00		
累计折旧	−40 000 000.00		
固定资产减值准备	−12 000 000.00		
三、资产负债共同类			
清算资金往来			20 000 000.00
		四、所有者权益类	
		实收资本	360 000 000.00
		资本公积	34 000 000.00
		盈余公积	16 000 000.00
		利润分配	36 000 000.00
合计	2 008 900 000.00		2 008 900 000.00

表 3-2　　　　　　　　　　　期初各损益余额表

项　　目	期　初　金　额
利息收入	180 200 000.00
利息支出	28 000 000.00
手续费及佣金收入	12 000 000.00
手续费及佣金支出	3 600 000.00
投资收益	2 000 000.00
公允价值变动收益	860 000.00
汇兑收益	360 000.00
其他业务收入	420 000.00
营业税金及附加	240 000.00
资产减值损失	70 000 000.00
其他业务成本	254 000.00
营业外收入	320 000.00
营业外支出	180 000.00

2. 本期(12月份)建行济南解放路支行发生的经济业务
(1) 市绿色环保有限公司存入销货款现金 800 000 元。
(2) 本行向当地中国人民银行分支机构借入季节性贷款 30 000 000 元。
(3) 本行向华源贸易有限公司发放期限 3 个月的信用贷款 5 000 000 元,利率 2.85%。
(4) 本行向泰康医药公司发放 1 年期抵押贷款,本金 36 000 000 元,利率 3.25%。
(5) 宝云电动车有限公司持现金支票来行支取 80 000 元备用金。
(6) 华通贸易公司持 2015 年 2 月 16 日到期的金额为 1 500 000 元的银行承兑汇票申请贴现,汇票出票日期为 2014 年 12 月 3 日,本行于 2014 年 12 月 10 日办理贴现,贴现率为 2.5‰。
(7) 本行发行 2 年期金融债券 20 000 000 元。
(8) 开户单位金立纺织厂申请签发银行汇票,金额 3 000 000 元,审核以后同意办理。
(9) 本行开户单位杰英水泥厂申请使用银行本票,金额 146 000 元,审核以后同意办理。
(10) 银行向客户收取到期贷款利息 3 600 000 元,办理转账。
(11) 银行于 12 月 15 日购入 3 年期国库券,金额 82 000 000 元,银行以可供出售金融资产入账。
(12) 本行经当地中国人民银行分支机构同意向当地工行拆出资金 85 000 000 元。
(13) 本行对外进行长期股权投资 24 000 000 元。
(14) 本行向有大量往来业务的当地工行存入一笔同业款项金额 30 000 000 元,通过当地中国人民银行分支机构转账。
(15) 本行购入 5 年期凭证式国债 10 000 000 元,通过中国人民银行备付金账户转付。
(16) 本行开户单位荣泰投资顾问有限公司委托银行办理电汇,金额 300 000 元,银行审核无误同意办理。
(17) 本行收到由联行划回的开户单位远大贸易公司托收款项,金额 36 000 000 元,审核无误转账入户。
(18) 王敏开户存入现金 100 000 元,为个人活期存款。
(19) 储户刘莉莉委托银行将活期储蓄存款中的 150 000 元转存为 1 年期定期储蓄存款,利率 3.25%,银行办理转账。
(20) 开户单位环宇电力公司持转账支票一张金额 140 000 元,要求银行办理转账,银行审核以后发现出票人为本行开户的华宇经贸公司,办理转账。
(21) 本行向中国人民银行备付金账户支取现金 24 000 000 元。
(22) 为本行开户单位康森体育用品公司代付银行汇票款 350 000 元,实际结算金额与票面金额相同,按规定办理划款。
(23) 银行收到北京某联行寄来的报单和解讫通知,实际结算金额为 540 000 元,系本行开户单位明达化工公司申请的银行汇票,原票面金额为 600 000 元,审核无误办理转账。
(24) 12 月 21 日银行支付单位活期利息 3 120 000 元,个人活期储蓄存款利息 2 238 000 元。
(25) 本行计提贷款利息 800 000 元。
(26) 银行向员工支付福利费 58 000 元。
(27) 银行应客户申请开出信用证,向客户收取保证金 20 000 元,从其账户转出。

(28) 收回 3 个月到期债券投资 1 500 000 元,同时收取利息 20 700 元。
(29) 开户单位鲁能热电厂委托银行将活期存款 30 000 000 元转存 1 年期定期存款。
(30) 银行计提固定资产折旧 5 000 000 元。
(31) 银行按规定计提各类贷款损失准备 10 000 000 元。
(32) 银行计提坏账准备 2 000 000 元。
(33) 银行期末计提长期投资减值准备 500 000 元。
(34) 银行收到省外系统内贷方报单(电汇),收款单位为本行开户的华通房地产公司,金额 300 000 元,办理转账。
(35) 银行受理开户单位精准衡器厂电汇省外系统内银行某单位货款 50 000 元,办理划转。
(36) 银行为客户办理保管箱业务,收取押金 20 000 元。
(37) 银行转账支付定期存款到期利息 80 000 元。
(38) 银行收回长期股权投资收益 3 200 000 元。
(39) 银行收回抵押房产抵偿原贷款本息,公允价值为 30 000 000 元,计入抵债资产。
(40) 银行前已卖出回购金融债券到期,金额为 36 000 000 元,按协议价 38 000 000 元回购。
(41) 银行月末计提并支付当月职工薪酬 420 000 元。
(42) 银行期末计提固定资产减值准备 2 420 0000 元。
(43) 银行向中国人民银行转贴现票据共计 36 000 000 元,支付贴现息 90 000 元。
(44) 银行为客户办理银行承兑汇票的承兑,收取承兑手续费 750 元。
(45) 银行把 12 月 21 日的出纳短款由待处理财产损益结转为营业外支出,金额 2 000 元。
(45) 银行本期应缴营业税 800 000 元,城市维护建设税 30 5000 元及教育费附加 15 000 元。
(46) 银行按 10%计提盈余公积。

二、实 训 要 求

(1) 根据上述资料编写会计分录。
(2) 根据业务需要过入 T 形账户。
(3) 编制 2014 年度资产负债表、利润表和现金流量表。

库 存 现 金	
期初余额	

存放中央银行款项	
期初余额	

存 放 同 业		其他货币资金	
期初余额		期初余额	

交易性金融资产		买入返售金融资产	
期初余额		期初余额	

贴 现 资 产		拆 出 资 金	
期初余额		期初余额	

贷 款		贷款损失准备	
期初余额			期初余额

应 收 利 息		坏 账 准 备	
期初余额			期初余额

持有至到期投资		持有至到期投资减值准备	
期初余额			期初余额

可供出售金融资产		长期股权投资	
期初余额		期初余额	

长期股权投资减值准备		固 定 资 产	
	期初余额	期初余额	

累 计 折 旧		固定资产减值准备	
	期初余额		期初余额

存 入 保 证 金		拆 入 资 金	
	期初余额		期初余额

向中央银行借款		吸 收 存 款	
	期初余额		期初余额

同 业 存 放		贴 现 负 债	
	期初余额		期初余额

交易性金融负债	卖出回购金融资产款
期初余额	期初余额

应付职工薪酬	应交税费
期初余额	期初余额

应付利息	其他应付款
期初余额	期初余额

投资收益	营业税金及附加
期初余额	期初余额

利息支出	利息收入
期初余额	期初余额

手续费及佣金收入	资产减值损失
期初余额	期初余额

投 资 收 益		待处理财产损溢	
	期初余额		期初余额

表 3-3　　　　　　　　　　期末各科目余额表　　　　　　　　　　单位：元

一、资产类	借方余额	二、负债类	贷方余额
库存现金		存入保证金	
存放中央银行款项		拆入资金	
存放同业		向中央银行借款	
其他货币资金		吸收存款	
交易性金融资产		——单位活期存款	
买入返售金融资产		——单位定期存款	
贴现资产		——个人活期存款	
拆出资金		——个人定期存款	
贷款		——信用卡存款	
——信用贷款		同业存放	
——抵押贷款		贴现负债	
——逾期贷款		交易性金融负债	
——非应计贷款		卖出回购金融资产款	
贷款损失准备		应付职工薪酬	
应收利息		应交税费	
坏账准备		应付利息	

(续表)

一、资产类	借方余额	二、负债类	贷方余额
持有至到期投资		其他应付款	
持有至到期投资减值准备			
可供出售金融资产			
长期股权投资			
长期股权投资减值准备			
固定资产			
累计折旧			
固定资产减值准备			
三、资产负债共同类			
清算资金往来			
		四、所有者权益类	
		实收资本	
		资本公积	
		盈余公积	
		利润分配	
合　　计			

表 3-4　　　　　　　　　　　　　　资 产 负 债 表　　　　　　　　　　　会商银 01 表

编制单位：　　　　　　　　　　　　2014 年 12 月 31 日　　　　　　　　　　　单位：元

资　　产	期末余额	年初余额	负债和所有者权益（或股东权益）	期末余额	年初余额
资产：			负债：		
现金及存放中央银行款项			向中央银行借款		
存放同业款项			同业及其他金融机构存放款项		
贵金属			拆入资金		
拆出资金			交易性金融负债		
交易性金融资产			衍生金融负债		
衍生金融资产			卖出回购金融资产款		
买入返售金融资产			吸收存款		
应收利息			应付职工薪酬		
发放贷款和垫款			应交税费		
可供出售金融资产			应付利息		
持有至到期投资			预计负债		
长期股权投资			应付债券		
投资性房地产			递延所得税负债		
固定资产			其他负债		
无形资产			负债合计		
递延所得税资产			所有者权益（或股东权益）：		
其他资产			实收资本（或股本）		
			资本公积		

（续表）

资　产	期末余额	年初余额	负债和所有者权益（或股东权益）	期末余额	年初余额
			减：库存股		
			盈余公积		
			一般风险准备		
			未分配利润		
			所有者权益（或股东权益）合计		
资产总计			负债和所有者权益（或股东权益）总计		

法定代表人、董事长：　　　　　　　　　财务管理部总经理：

表 3-5　　　　　　　　　　利　润　表　　　　　　　　　会商银 02 表

编制单位：　　　　　　　　　　2014 年 12 月　　　　　　　　　　单位：元

项　目	本期金额	上期金额
一、营业收入		
利息净收入		
利息收入		
利息支出		
手续费及佣金净收入		
手续费及佣金收入		
手续费及佣金支出		
投资收益（损失以"－"号填列）		
其中：对联营企业和合营企业的投资收益		
公允价值变动收益（损失以"－"号填列）		
汇兑收益（损失以"－"号填列）		
其他业务收入		
二、营业支出		
营业税金及附加		
业务及管理费		
资产减值损失		
其他业务成本		
三、营业利润（亏损以"－"号填列）		
加：营业外收入		
减：营业外支出		
四、利润总额（亏损总额以"－"号填列）		
减：所得税费用		
五、净利润（净亏损以"－"号填列）		
六、每股收益：		
（一）基本每股收益		
（二）稀释每股收益		

法定代表人、董事长：　　　　　　　　　财务管理部总经理：

表 3-6　　　　　　　　　　　　　现 金 流 量 表　　　　　　　　会商银 03 表
编制单位：　　　　　　　　　　　　　2014 年度　　　　　　　　　　　　单位：元

项　目	本期金额	上期金额
一、经营活动产生的现金流量		
客户存款和同业存放款项净增加额		
向中央银行借款净增加额		
向其他金融机构拆入资金净增加额		
收取利息、手续费及佣金的现金		
收到其他与经营活动有关的现金		
经营活动现金流入小计		
客户贷款及垫款净增加额		
存放中央银行和同业款项净增加额		
支付手续费及佣金的现金		
支付给职工以及为职工支付的现金		
支付的各项税费		
支付其他与经营活动有关的现金		
经营活动现金流出小计		
经营活动产生的现金流量净额		
二、投资活动产生的现金流量		
收回投资收到的现金		
取得投资收益收到的现金		
收到其他与投资活动有关的现金		
投资活动现金流入小计		
投资支付的现金		
购建固定资产、无形资产和其他长期资产支付的现金		
支付其他与投资活动有关的现金		
投资活动现金流出小计		
投资活动产生的现金流量净额		
三、筹资活动产生的现金流量		
吸收投资收到的现金		
发行债券收到的现金		
收到其他与筹资活动有关的现金		
筹资活动现金流入小计		
偿还债务支付的现金		
分配股利、利润或偿付利息支付的现金		
支付其他与筹资活动有关的现金		
筹资活动现金流出小计		
筹资活动产生的现金流量净额		

(续表)

项　　　目	本期金额	上期金额
四、汇率变动对现金及现金等价物的影响		
五、现金及现金等价物净增加额		
加：期初现金及现金等价物余额		
六、期末现金及现金等价物余额		
补　充　资　料		
一、将净利润调节为经营活动现金流量：		
净利润		
加：资产减值准备		
固定资产折旧、油气资产折耗、生产性生物资产折旧		
无形资产摊销		
长期待摊费用摊销		
处置固定资产、无形资产和其他长期资产的损失（收益以"－"号填列）		
固定资产报废损失（收益以"－"号填列）		
公允价值变动损失（收益以"－"号填列）		
财务费用（收益以"－"号填列）		
投资损失（收益以"－"号填列）		
递延所得税资产减少（增加以"－"号填列）		
递延所得税负债增加（减少以"－"号填列）		
存货的减少（增加以"－"号填列）		
经营性应收项目的减少（增加以"－"号填列）		
经营性应付项目的增加（减少以"－"号填列）		
其他		
经营活动产生的现金流量净额		
二、不涉及现金收支的重大投资和筹资活动：		
债务转为资本		
一年内到期的可转换公司债券		
融资租入固定资产		
三、现金及现金等价物净变动情况：		
现金的期末余额		
减：现金的期初余额		
加：现金等价物的期末余额		
减：现金等价物的期初余额		
现金及现金等价物净增加额		

法定代表人、董事长：　　　　　　　　　　　财务管理部总经理：